CHICO
DO CALVÁRIO À REDENÇÃO
XAVIER

— Combatentes pacíficos —

Contribuição à biografia sobre a família de
Francisco Cândido Xavier

EDITORA EME

Solicite nosso catálogo completo, com mais de 350 títulos, onde você encontra as melhores opções do bom livro espírita: literatura infantojuvenil, contos, obras biográficas e de autoajuda, mensagens espirituais, romances, estudos doutrinários, obras básicas de Allan Kardec, e mais os esclarecedores cursos e estudos para aplicação no centro espírita – iniciação, mediunidade, reuniões mediúnicas, oratória, desobsessão, fluidos e passes.

E caso não encontre os nossos livros na livraria de sua preferência, solicite o endereço de nosso distribuidor mais próximo de você.

Edição e distribuição

EDITORA EME
Caixa Postal 1820 – CEP 13360-000 – Capivari-SP
Telefones: (19) 3491-7000 | 3491-5449
Vivo (19) 99983-2575 ☻ | Claro (19) 99317-2800
vendas@editoraeme.com.br – www.editoraeme.com.br

CARLOS ALBERTO BRAGA COSTA

CHICO
DO CALVÁRIO À REDENÇÃO
XAVIER

— Combatentes pacíficos —

Contribuição à biografia sobre a família de
Francisco Cândido Xavier

Capivari-SP
– 2019 –

A Editora EME mantém o Centro Espírita "Mensagem de Esperança" e patrocina, junto com outras empresas, instituições de atendimento social de Capivari-SP.

1ª edição – abril/2019 – 3.000 exemplares

CAPA | André Stenico
DIAGRAMAÇÃO E PROJETO GRÁFICO | Marco Melo
REVISÃO | Rubens Toledo

Ficha catalográfica

Costa, Carlos Alberto Braga, 1966
    Chico Xavier – Do calvário à redenção – Contribuição à biografia sobre a família de Francisco Cândido Xavier – 1ª ed. abr. 2019 – Capivari-SP: Editora EME.
    272 p.

    ISBN 978-85-9544-098-2

1. Espiritismo. 2. Fatos históricos e biográficos. 3. Família de Francisco Cândido Xavier. 4. Fotos.
I. TÍTULO.

                                              CDD 133.9

SUMÁRIO

Família de Francisco Cândido Xavier

Adultos, da esquerda para a direita: Nelson Pena (cunhado), Carmozina Xavier Pena (irmã), Chico Xavier, João Cândido Xavier (pai), no colo João Cândido Filho (irmão), Cidália Batista Xavier (madrasta), no colo Doralice Xavier (irmã), Geralda Xavier (irmã), Jacy Pena (cunhado e irmão de Nelson Pena, primeiro da esquerda para direita), Maria da Conceição Xavier Pena – Tiquinha (irmã). Crianças, da esquerda para a direita: Neuza Xavier (irmã), Mauro Pena (sobrinho, filho de Nelson e Carmozina), Dorita (ajudante da casa da família Xavier, no colo Elma filha de Carmozina), Nelma Pena (sobrinha, filha de Nelson e Carmozina), Lucília Xavier (irmã), Cidália Xavier (irmã), André Luiz Xavier (irmão)

PALAVRAS INICIAIS

POR TRÊS DÉCADAS tivemos a honra de estudar a vida e obra de Francisco Cândido Xavier, vindo a engrossar as fileiras de seus biógrafos.

No ano de 2006 veio a público o livro *Chico, diálogos e recordações*, apoiado por Arnaldo Rocha, parceiro e amigo do médium.

Passados 12 anos, a vida reserva outra surpresa: ver nascer *Do calvário à redenção*, contribuição à biografia da família de Francisco Cândido Xavier.

Ao deparar com a proposta do projeto *Do calvário à redenção*, o constrangedor impacto foi inevitável. O receio inicial foi-se convertendo em motivação, à medida que demos os primeiros passos.

A vida oferece desafios. E a nós compete enfrentá-los. Temos aprendido que nada se perde; o resultado é que se engrandece a experiência; o existir.

Este singelo esforço é mais uma contribuição sobre a biografia de Francisco Cândido Xavier e sua família.

Planejamento. Foco. Renúncia pessoal. Superação... Esforço na pesquisa paciente, fidelidade aos fatos, cadenciar o roteiro, além de engrinaldar os textos com poesia adequada. Costura delicada, bordados desenhados em tecido fino. Criatividade na escolha de temas: alinhar passado, presente e futuro. Foram alguns indicadores eleitos para o "combate".

Graças a Deus, conseguimos. Imensa é a felicidade, pelo resultado obtido. De coração, esperamos alcançar o leitor sensível.

À família e amigos, agradecemos o apoio, que nunca faltou. Jamais os esqueceremos.

Com estas palavras, abrindo o livro *Do calvário à redenção*, em seu primeiro episódio endereçamos votos para que sigamos rumo à gloriosa redenção.

Ave, Cristo!

Carlos Alberto Braga Costa
Belo Horizonte, 14 de dezembro de 2018.

PREFÁCIO

A OPORTUNIDADE DE prefaciar esta obra enche-nos de prazerosas lembranças.

Vêm-nos à mente os momentos felizes das visitas que fazíamos a Francisco Cândido Xavier em Uberaba e a amizade que mais tardiamente desenvolvemos com Arnaldo Rocha, viúvo de Meimei e fiel escudeiro de Chico Xavier, nos tempos de Pedro Leopoldo.

Pelos contatos com a figura ímpar de Arnaldo Rocha e contando com o autógrafo dele, conhecemos o livro *Chico, diálogos e recordações...*, de autoria de Carlos Alberto Braga Costa.

Por essa obra, conhecemos o autor e amigo, bem como Wagner Gomes da Paixão, também em atividades federativas em contato com a União Espírita Mineira nas gestões de Honório Onofre de Abreu e Marival Veloso de Matos.

O livro citado, então editado pela UEM, teve a publicação transferida para a Casa Editora O Clarim. (¹) Sabe-se dos fortes vínculos espirituais entre Chico Xavier, Arnaldo Rocha e Walla-

---

1. Costa, Carlos Alberto Braga. *Chico, diálogos e recordações...* 1ª ed. Matão: O Clarim. 2017. 368p

ce Leal Valentim Rodrigues, ([2]) e também com Cairbar Schutel, que seriam personagens de *Ave, Cristo!* – marcante romance histórico do espírito Emmanuel. ([3])

Nas comemorações do centenário de Chico Xavier, encontrávamos na coordenação da vasta programação, por decisão do Conselho Federativo Nacional da Federação Espírita Brasileira.

Como preparativo ao evento nacional e também no transcorrer da festividade ampliamos os contatos com amigos, colaboradores e familiares de Chico Xavier.

Assim, chegamos ao lar de Sidália Xavier Silva, em Sabará (MG), no dia 2 de julho de 2010, aproveitando compromissos nossos na Semana Chico Xavier no Centro Espírita Luiz Gonzaga, em Pedro Leopoldo. Fomos a Sabará levados por Wagner Gomes Paixão e acompanhado de nossa esposa Célia Maria Rey de Carvalho e do filho Flávio Rey de Carvalho, aliás em dia de jogo do Brasil na Copa do Mundo...!

Contamos na ocasião com a carinhosa recepção de Sidália, a quem entrevistamos juntamente com seu irmão Paulo Pedro Pena, filhos de Maria da Conceição Xavier. Os irmãos Sidália e Paulo nos facultaram o acesso a alguns documentos históricos e visitamos a Agremiação Espírita Casa do Caminho, que estava completando 70 anos de fundação, e o Abrigo Irmã Tereza de Jesus. Uma parte da entrevista gravada publicamos na revista *Reformador*. ([4])

Dessa maneira, embora a abordagem do presente livro seja inédita, já tínhamos o interesse e o conhecimento superficial de alguns assuntos que o autor discorre aqui em detalhes.

Fato interessante é o elo entre os personagens citados, tendo

---

2. Rocha, Arnaldo; Rodrigues, Wallace Leal Valentim; Xavier, Francisco Cândido. *Meimei: vida e mensagem*. 5.ed. Matão: O Clarim. 2012. 256p. .

3. Xavier, Francisco Cândido. Pelo espírito Emmanuel. *Ave, Cristo!* Ed. esp. Brasília: FEB. 2012. 311p

4. Entrevista. Sidália Xavier Silva e Paulo Pedro Pena. Instituição fundada por familiares de Chico Xavier. *Reformador. Ano 128. No. 2. 179. Outubro de 2010*. P.385-387

Chico Xavier como fulcro, e a honra que sentimos em prefaciar o novo livro da Editora EME.

Com base em fontes fidedignas, Carlos Alberto Braga Costa focaliza os esforços na causa do bem, empreendidos por Maria da Conceição Xavier, justamente a irmã que foi protagonista de situações que levaram o então jovem Chico Xavier a conhecer a doutrina espírita nos idos de maio de 1927. Com respeito e ponderação o autor analisa as questões criadas pelo sobrinho do médium, Amaury Pena, filho de Maria.

O autor resgata importantes episódios históricos – inéditos em sua grande maioria – sobre a relação de Chico Xavier com seus familiares, em Pedro Leopoldo e em Uberaba. Surgem dados históricos relacionados não apenas com a família Xavier, mas com atividades espíritas, principalmente de Pedro Leopoldo e de Sabará. E, sem dúvida, contribui com importantes informações para os registros da história do movimento espírita brasileiro.

A principal fonte para fornecimento de documentos, fotos e relatos para o presente livro é Sidália Xavier Silva, sobrinha de Chico Xavier, filha de Maria da Conceição Xavier e de Jacy Pena.

Sidália faz jus ao comentário do autor: "Guerreira do bem, como lhe ensinou sua mãe Maria Xavier. Dedicou toda a sua reencarnação em prol do espiritismo na cidade de Sabará. Não fosse sua memória privilegiada, não teria sido possível trazer a lume os fatos. Como poucos, ela soube trazer de volta uma história bela, forte, pródiga de ensinamentos e abundante de revelações sobre a realidade do espírito imortal".

O leitor conhecerá valorosas histórias de vida e compreenderá a razão pela qual a obra recebeu este título – *Do calvário à redenção!*

São Paulo, 8 dezembro de 2018.
Antonio Cesar Perri de Carvalho

DO CALVÁRIO À REDENÇÃO

A PALAVRA CALVÁRIO, substantivo masculino, ficou conhecida como "outeiro ou elevação de terreno onde se planta uma cruz ou crucifixo, para simbolizar o local onde Jesus foi crucificado".

A prática da crucificação foi adotada pelos romanos para punir criminosos e amedrontar ainda mais os povos subjugados pelo poderio opressor. Por isso a triste cena do calvário de Jesus passou a ser utilizada pelos cristãos como um dos símbolos mais importantes do cristianismo.

Ankh, conhecida também como cruz ansata, era na escrita hieroglífica egípcia o símbolo da vida. Conhecido também como símbolo da vida eterna. Os egípcios usavam-na para indicar a vida após a morte. A forma do ankh assemelha-se a uma cruz, com a haste superior vertical substituída por uma alça ovalada.

Com a chave oferecida pela doutrina dos espíritos, podemos abrir outros ângulos interpretativos.

Todos nós, seres em evolução permanente, rumamos na direção do monte da elevação pessoal, tendo na cruz a síntese do aprendizado.

A baliza horizontal simboliza as tarefas no mundo. Estudo e

prática, análise e síntese, trabalho e renovação permanente. Para isso, o ser percorre o próprio caminho, tendo espaço e tempo, como seus admiráveis aliados, para conceber e desenvolver "a justiça, o amor e a ciência".

A haste vertical representa o ideal que desce para o plano realizador. Plano espiritual e Terra. Intuição e prática. Reencarnação e desencarnação. O ser desperta a sua natureza divina, enobrece o sentimento; descortina sua filiação divina, unificando-se com Deus.

Compomos uma multidão de seres, encarnados e desencarnados, viajores falíveis da Eternidade que, impactados pela descoberta da lei divina em nós mesmos, vamos traçando os caminhos para a existência física, e, em muito maiores proporções, para a vida espiritual, eterna e incorruptível.

Importante ressaltar a presença dos espíritos em grau avançado auxiliando a evolução dos aprendizes:

> Aquele que morreu sobre a cruz tinha uma missão a cumprir, e essa missão se renova hoje por outros espíritos desse grupo divino, que vêm presidir aos destinos de vosso mundo. Uma multidão de espíritos de todas as ordens, sob a direção do Espírito de Verdade, veio em todas as partes do mundo e em todos os povos revelar as leis do mundo espiritual, das quais Jesus havia adiado o ensinamento, e lançar, pelo espiritismo, os fundamentos da nova ordem social. Haverá vários deles que abraçarão, pela ordem social, a política, a religião, a legislação, a fim de fazê-las concordar com o mesmo objetivo.
>
> **Lacordaire. Paris, 1862.** (⁵)

Durante muitos séculos, a palavra redenção foi atrelada ao resgate do gênero humano pela prática heterônoma(⁶). Heteronomia significa dependência, submissão, obediência. É um

---

5.   Kardec, Allan. *Revista Espírita.* 1868. Ed. Edicel. Sobradinho – DF. Pg. 32.
6.   Figueiredo, Paulo Henrique de. *Revolução espírita.* Editora Maat, São Paulo, 2016, pg.144. Na pág. 144 diz: "que significa aceitação de normas que não são nossas".

sistema de ética segundo o qual as normas de conduta provêm de fora.

A palavra heteronomia é formada do radical grego *heteros*, *a*, *on* que significa "outro, diferente", e *nómos*, que significa "o que é de lei, de direito". Portanto, é a aceitação de normas que não são nossas, mas que reconhecemos como válidas para orientar a nossa consciência, discernir o valor moral de nossos atos. Heteronomia é a condição de submissão de valores e tradições; é a obediência passiva aos costumes, por conformismo ou por temor à reprovação da sociedade ou dos deuses. O contrário é o que postula a doutrina dos espíritos.

Há um terceiro caminho: autonomia. Autonomia (do grego, autonomia, "direito de reger-se segundo leis próprias", ou ainda, segundo o *Dicionário Houaiss*, "liberdade e independência"), é a faculdade de se reger por si mesmo; é a propriedade pela qual o homem pretende poder escolher as leis que regem sua conduta. A autonomia não nega sua influência externa, os condicionamentos e os determinismos, mas recoloca no homem sua capacidade de refletir sobre as limitações que lhe são impostas, e que, observadas, lhe dão a direção a seguir.

Em síntese, a busca da perfeição moral pela prática da religião natural. Livre vontade e responsabilidade individual. Despertar da consciência, renovação interior, reparação e libertação pela prática da caridade. Adesão livre, consciente e responsável ao dever.

Por isso concluímos que somos nós, espíritos viajores do tempo, agentes do próprio destino! O sofrimento está relacionado com a imperfeição, bem como a iluminação interior depende de esforço e mérito. Redenção é questão de tempo. Felicidade é um estado de alma. Paz é o prêmio após o bom combate.

AMIGO LEITOR,

Do calvário à redenção oferece um passaporte para uma viagem a um hemisfério sagrado do coração, por estradas sinuosas e cheias de surpresas.

As cidades mineiras de Pedro Leopoldo, Sabará e Uberaba foram palco para os dramas que compõem este projeto biográfico.

O Projeto, dividido em dois episódios (livros), revela ensinamentos de profundo alcance doutrinário, além de documentos que remontam à vida de Francisco Cândido Xavier, o apóstolo da mediunidade.

Aqui o leitor terá muitas surpresas nas vivências relembradas, nas cartas íntimas endereçadas pelos espíritos aos familiares, psicografias de Amauri Pena, irmão de Sidália Xavier, sucumbido diante das teias do destino, o drama de Maria Xavier Pena, irmã de Chico Xavier, e, por fim, acervo inédito de cartas de Chico Xavier aos familiares.

Chamamos a atenção para um lado que é enaltecido na obra: o compromisso de Francisco Cândido Xavier com seus familiares. O leitor sensível e atento perceberá como Chico Xavier se entregou para ajudar os sobrinhos queridos, em meio a uma das maiores dores que sentiu nessa encarnação ao ver sua irmã querida deixar o plano terreno em situação delicadíssima.

Essa obra revela um Chico Xavier muito humano, muito próximo, portanto, dos dramas que visitam os lares no Brasil. O conteúdo de suas cartas nos remete à valorização das tarefas junto aos entes mais próximos, na aplicação do evangelho em todos os momentos em que somos convidados para operar.

A vereda familiar, aqui apresentada, indica o propósito dos benfeitores espirituais em investir na célula-base da sociedade, com o contributo do evangelho de Jesus, convidando o leitor para o encantamento poético das mães que se calam ao verem os filhos crescerem e se tornarem homens de bem.

Desde a apresentação da obra até a homenagem final, o amigo leitor será convidado a sintonizar com a simplicidade amorosa de uma família realmente cristã, compreender a realidade do intercâmbio entre almas encarnadas com os espíritos que, embora vibrando em outras faixas, participam e comungam das lutas humanas.

O leitor encontrará neste trabalho dados para pesquisa. É isto o que este trabalho propõe, além de homenagear os protagonistas em literatura romanceada.

Esperamos que, ao final da viagem pelos endereçamentos espirituais, possamos fortalecer ainda mais a certeza de que a vida triunfa.

Com alma e coração expectantes, iniciaremos a esperada viagem.

O autor

EPISÓDIOS

DO CALVÁRIO À redenção é um rico material estruturado pela literatura descritiva, mensagens do além-túmulo, cartas de Francisco Cândido Xavier, poemas, fotos e homenagens.

Em dois episódios, seu conteúdo histórico enaltece:

> ... Os princípios codificados por Allan Kardec que abrem uma nova era para o espírito humano, compelindo-nos à auscultação de nós mesmos, no reajuste dos caminhos traçados por Jesus ao verdadeiro progresso da alma, explicando que o espiritismo é o disciplinador de nossa liberdade, não apenas para que tenhamos na Terra uma vida social dignificante, mas também para que mantenhamos, no campo do espírito, uma vida individual harmoniosa, devidamente ajustada aos impositivos da vida universal perfeita, consoante as normas de eterna justiça, elaboradas pelo supremo equilíbrio das leis de Deus.
>
> Eis por que, apresentando ao leitor amigo, reconhecemos nos postulados que abraçamos não somente um santuário de consolações sublimes, mas também um templo de responsabilidades definidas, para considerar que a reencarnação é um estágio sagrado de recapitulação das

nossas experiências e que a doutrina espírita, revivendo o evangelho do Senhor, é facho resplendente na estrada evolutiva, ajudando-nos a regenerar o próprio destino, para a edificação da felicidade real.

Em síntese, demonstra o autor que as nossas possibilidades de hoje nos vinculam às sombras de ontem, exigindo-nos trabalho infatigável no bem, para a construção do Amanhã, sobre as bases redentoras do Cristo." (7)

O conteúdo extenso e qualificado foi dividido em dois episódios, que receberam os seguintes títulos:

Combatentes pacíficos – desenvolvido através dos diálogos entre o autor e Sidália Xavier Silva, que pacientemente discorreu sobre a história de sua família, destacando a presença de Francisco Cândido Xavier nos momentos mais importantes.

Um repositório de bênçãos contendo mensagens de alto valor espiritual. "Tio Chico" elege a sobrinha como sua confidente, revelando árdua luta para superar a si mesmo.

Enquanto muitos confundem disciplina com iluminação espiritual, concluímos que, apenas depois de haver concordado com o jugo suave de Jesus Cristo, podemos alçar aos ombros a cruz que nos dotará de asas espirituais, a redenção definitiva na vida imortal.

Notícias de além-túmulo – oferece um estudo desenvolvido em torno das comunicações do espírito Maria Xavier, através da psicografia do médium Chico Xavier, seu irmão, narrando como aconteceu a sua morte e a realidade além-túmulo.

São cartas belíssimas, comprovando a imortalidade da alma, descrevendo o despertar de Maria Xavier no mundo espiritual, e o retorno para os seus entes queridos para fortalecer, ainda mais, os elos de amor entre almas afins.

---

7. Xavier, Francisco Cândido. Pelo espírito Em manuel. *Ação e reação*, prefácio "Ante o Centenário". Ed. esp. Brasília: FEB. 1987. p. 9.

Embora Chico Xavier não seja a figura central, sua presença surpreende nos momentos decisivos da vida dos seus entes queridos, demonstrando o comprometimento do médium com os laços de família.

MAKING OF – I

MAKING OF É uma expressão em inglês cuja tradução é "a feitura de", ou seja, o processo de fazer algo, e consiste em um vídeo que revela o que acontece nos bastidores durante a gravação de conteúdo audiovisual.

Em cinema e televisão, é um documentário de bastidores, que registra, em imagem e som, o processo de produção, realização e repercussão de um produto audiovisual.

Vamos utilizar a expressão, ajustando-a, para descrever como foi a feitura ou a construção do livro *Do calvário à redenção*.

A partir do ano de 2002, iniciamos a construção da biografia *Chico, diálogos e recordações*, em parceria com Arnaldo Rocha, o inesquecível amigo de Francisco Cândido Xavier, e tornamo-nos pesquisador mais ciente da responsabilidade de historiografar a vida e a obra do médium mineiro. E desde esse período, amizades se ampliaram, agregando vários corações que conviveram com Chico. E dentre elas, uma se fez especial, a amizade com Sidália Xavier.

As palestras realizadas ao longo dos anos, no espaço abençoado da Agremiação Espírita Casa do Caminho, para levar a doutrina e o evangelho aos amigos sabarenses, marcaram o início e nos levaram ao relacionamento com Sidália e às visitas ao seu lar para longas e proveitosas conversas.

À medida que foram se estreitando os laços com a família, por intuição, algo nos dizia que Sidália velava um baú de riquezas inapreciáveis, em se tratando das histórias sobre o seu tio Chico Xavier. No entanto, jamais imaginamos que a vida nos reservasse tarefa tão especial, traduzida na estruturação do livro *Do calvário à redenção*, fato esse que reacendeu uma amizade inestimável de outras existências, tamanha a afinidade que facilmente se estabeleceu.

Nessa cadência natural, propusemos a Sidália que escrevesse notas biográficas, o que foi aceito de bom grado.

No início, hesitação. No entanto, com o passar do tempo, a nossa amizade foi crescendo em fraternidade e respeito. E a confiança se fez resoluta e produtiva.

A tarefa inicial foi incentivar Sidália Xavier recordar, com toda autoridade outorgada pela sua participação direta, e nos ajudar a montar o mosaico da história vivida pela família Xavier.

Posteriormente, compilamos os textos, construímos os diálogos, distribuímos os documentos e trabalhamos os comentários.

Relembramos que o livro deve ter tido pelo menos vinte versões, até atingir o arremate, chamado pelo espírito Maria Xavier, em comunicação mediúnica, de Ponto Ajour.

Foi o que procuramos fazer, trabalhando proficuamente para que o livro se tornasse peça literária agradável e de fácil assimilação pelo leitor.

Contar, recontar, pesquisar, registrar, inspirar... Tudo representou vivenciar fortes emoções, e este livro expõe relatos e cenas marcantes em nosso íntimo. Graças a Deus chegamos ao fim.

Diante da conclusão do projeto, declaro de alma e coração que, se o livro não tivesse se tornado realidade, a amizade que foi construída junto aos Xavier, em Sabará, nos bastaria como um tesouro, e será levada para a eternidade.

O MERGULHO NO passado é uma aventura desafiadora, trazendo à superfície muitas surpresas. No caso de Sidália Xavier, recordar a história familiar trouxe à tona assuntos muito complexos. Graças à sua fé e ao apoio dos familiares, ela conseguiu. E o trabalho foi vitorioso.

Ficamos felizes em ouvir da amiga: "Carlos Alberto! Sinto-me em paz pelo dever cumprido! Confesso não ter sido simples. Sei que reverenciar minha mãe e meus familiares, em forma de um livro, trará benefícios para aqueles que se interessarem. Foi uma luta vitoriosa".

Queremos exaltar a batalha dessa guerreira, que aproveitou a oportunidade e se fez portadora de uma mensagem extraordinária.

Lidar com história desarquiva lembranças, atrai os envolvidos, e os dramas suscitam direcionamentos. Durante os encontros com Sidália Xavier, foram registrados fatos relevantes, que só o espiritismo pode estudar.

Tutores e terapêuticas. Amigos e orientação. Adversários e adversidades. Conflitos e culpas. Medo e insegurança. Esperança e fé. Vontade e reconstrução. Sabedoria e perdão.

Entre os mortais, fomos convidados para sermos diligentes no empreendimento que transcendia nossas parcas possibilidades.

Outro ponto a ser ressaltado foi o cuidado de Sidália no trato com os assuntos mais delicados. Sempre prudente e humilde, foi nos levando, com muito tato, na apreciação dos temas, para evitar erro apreciativo que pudesse criar obstáculos éticos ou espirituais na exposição dos assuntos.

Recordamo-nos do dia em que, ao ler trechos de uma das cartas de Chico Xavier para Sidália, deparamos termos estranhos e desconhecidos. Em seguida, telefonamos para nos certificar do que se tratava, e, para nossa surpresa, a filha de Maria Xavier pediu a nossa presença, pois não deveria esclarecer por telefone. Assim o fizemos e nos apresentamos como o bom soldado pronto para receber mais uma missão.

Esse encontro nos proporcionou um momento de grande aprendizado que resumiremos para não estender e não correr o risco de agir sem a devida ética.

Quando chegamos, por volta das 18 horas, fomos informados pela Sidália e por seu esposo, Cornélio, que, justamente naquele exato momento, era horário das preces e reflexões diárias, hábito cultivado por décadas de vivência familiar. Sem aviso prévio, deparamo-nos com o inusitado, e a adesão ao propósito da oração foi instantânea.

À medida que o tempo foi passando e a oração foi preenchendo o ambiente com energias revigorantes, a sensibilidade foi tomando conta de todos, e fomos percebendo a presença de amigos espirituais, dentre eles alguns irmãos Xavier. Lágrimas não tardaram por perpassar a senda árida de nossa face agradecida e expectante de bênçãos.

Após apreciações finais, a luz foi acesa e observamos os olhos de Sidália marejados de lágrimas e ouvimos dela a seguinte afirmativa, que calou fundo em nossa alma: "Carlos Alberto... Minha mãe e Chico Xavier estão conosco. Agradeçamos a Deus. Ao mesmo tempo, este fato agrava as responsabilidades que envolvem o nosso encontro".

Essa frase de Sidália confirmou o que também registrávamos por processos mediúnicos.

Em seguida, confabulamos com euforia sobre o livro e sobre

o conteúdo de uma das cartas de Francisco Cândido Xavier endereçada para Sidália, conforme mencionamos no telefonema.

Sidália Xavier, atendendo com bondade à pergunta, recordou que o tio Chico Xavier, muito triste com a desencarnação de Maria Xavier, disse ter recebido informações dos benfeitores espirituais esclarecendo sobre os vínculos de todos eles, e que de alguma maneira se prendiam ao arbítrio do grupo vivenciado no período do Brasil-Colônia, especificamente no século 18. Discorreu com detalhes alguns pontos e nos sugeriu pesquisar o assunto. Admirável conduta da anfitriã.

Nosso encontro foi interrompido, pois nos aguardava a tarefa da explanação do evangelho da noite, na Agremiação Espírita Casa do Caminho.

Após as despedidas do senhor Cornélio, seguimos felizes pelas ruas e becos estreitos de Sabará, na direção da tarefa confiada por Jesus.

A noite foi encerrada com uma palestra que proferimos e a leitura, pela médium Sidália, de uma mensagem ditada pelo espírito Maria Xavier endereçada para o nosso coração, estimulando as tarefas do livro.

Restou-nos a tarefa de ir ao encontro da verdade.

Após pesquisar, encontramos a comprovação das ocorrências relatadas pela extraordinária mediunidade de Francisco Cândido Xavier em uma lógica irretorquível.

Sim! Eles viveram nos tempos áureos da extração de ouro em Minas Gerais, e voltaram às terras irrigadas das alterosas para lutar pela extração do ouro do evangelho, em foro de imortalidade. Por razões éticas não declinaremos nomes e datas, embora a conjugação das reencarnações ofereça belíssimos ensinamentos.

Diante da comprovação da informação, voltamos os olhos para aquela noite no solar singelo de Sidália e Cornélio.

Sem dúvida, foi um encontro memorável.

Lembramos cada detalhe daquele encontro.

Ao sair pelas ruas empedradas e becos estreitos da pequena e imponente cidade barroca, que teve em Aleijadinho um de seus ilustres operários, meus pensamentos se perderam no turbilhão informativo.

Como se vivêssemos um êxtase, admiramos o brilho das estrelas e da lua prateada, que beijava o solo umedecido pelo orvalho da noite, nos fazendo recordar do sofrimento dos escravos que ali deixaram inolvidáveis testemunhos na colônia do Brasil.

Foi mais ou menos assim, que tudo começou.

Histórias: passado a ser pesquisado; véu para retirar.

Futuro: um presente poder poetizá-lo pelos sonhos inspiradores.

Exaltamos a força do trabalho como mecanismo de aproximação dos seres, quando as notas libertadoras do evangelho arrimam os propósitos da construção no bem. Fazemos essa observação pela amizade que se foi revelando com a família Xavier, de Sabará, e que, com a presença dos benfeitores espirituais, redundou no livro que agora entregamos a você, leitor amigo, na esperança que ele fique guardado no lado esquerdo do peito, como se fosse um amigo muito querido e jamais esquecido.

1º EPISÓDIO
COMBATENTES PACÍFICOS

BOM COMBATE

A EXPRESSÃO "COMBATI o bom combate, terminei a corrida, guardei a fé" ficou marcada como uma das mais conhecidas ditas pelo apóstolo Paulo, e fora dita perto do final de sua vida. (2 Timóteo 4:6-8).

Paulo reconhece ter tido uma vida bem aproveitada, no serviço do evangelho, em nível do próprio soerguimento e por ter se tornado um verdadeiro campeão na tarefa que se propôs.

Somos levados a refletir como foi áspero e íngreme o caminho que escolheu. Com fidelidade, constância e amor assim prosseguiu até o fim.

Em *Do calvário à redenção* encontraremos muitas passagens que fazem lembrar os exemplos oferecidos por Paulo de Tarso.

Em pleno século 20 reencarna na Terra uma família que trouxe missões bem definidas no mundo espiritual. Trata-se da família Xavier.

E nesse abençoado núcleo familiar, uma alma se destacou, Francisco Cândido Xavier.

Seguir Jesus significa entrar em uma batalha. A luta entre o bem e o mal que objetiva o progresso, tendo a felicidade e a paz como meta principal.

Chico Xavier foi uma destas almas que, apoiadas em seus objetivos, seguem adiante, inspirando os afins que necessitam destes testemunhos para acreditarem também.

Eis uma síntese que pode significar o que aconteceu com a família Xavier, que Chico tanto amou.

De Pedro Leopoldo a Sabará, de Uberaba para o Mundo, bons combates foram travados. Vitórias e derrotas aconteceram. Alegrias e tristezas, emoções vividas. Nascimentos, mortes e ressurreições.

Por essas trilhas, o leitor será chamado para conhecer os familiares de Chico Xavier. De sua avó a seus pais. Dos irmãos, sobrinhos e amigos.

"Terminei a corrida."

Paulo afirmou que sua vida foi uma corrida e ao final guardou a fé para continuar, após as lutas, outras batalhas.

Ler *Do calvário à redenção* por certo será também refletir na corrida dos personagens e na própria corrida. E então poderemos perguntar: guardamos a fé para atingir nossos sonhos?

Memórias Sagradas

Francisco Cândido Xavier
Honrando a memória de
Maria da Conceição Xavier

A vida, aos poucos, me ensinou que, de todos os entes amados, a lei de Deus nos permite receber apenas uma parcela maior ou menor nas alegrias da convivência. Da parcela de tempo que a lei divina me permitiu receber da presença de nossa querida ausente, do ponto de vista do intercâmbio mais íntimo, guardo as mais belas recordações.

(Uberaba, 19/02/1980)

***

Ela merece essa homenagem justa e bela da família que, com a bênção de Deus, ela soube constituir. Deus abençoe a vocês todos, filhos reconhecidos e amados, que a nossa querida ausente sempre guardou no coração por estrelas da Providência Divina, filhos queridos aos quais ela entregou a alma e a vida, conquanto sempre amasse e amparasse, tanto quanto possível, aos filhos de outras mães.

***

O nome de Sabará era "Vila Real de Nossa Senhora da Conceição do Sabará". Importante pensar que nossa Tiquinha, quando nasceu, contava meu pai, foi consagrada por nossa mãe Maria João de Deus a Nossa Senhora da Conceição. Por isso, ela se chamava em solteira Maria da Conceição Xavier, e depois de casada a Providência Divina situou nessa cidade a família de Jacy e Maria Xavier.

(Uberaba, 09/01/1981)

***

Durante os dias, somados em alguns anos, em que a bondade do Céu me concedeu a felicidade a que me refiro, nela sempre encontrei a irmã dedicada e otimista, companheira do lar e benfeitora infatigável. As tarefas e lutas a que fomos ambos chamados, em setores diferentes, não podiam apagar em meu coração, o amor fraterno em que a vida nos unira. Em vista disso, você compreenderá que me seria impossível esquecer a dívida de carinho e reconhecimento de que ela é credora em minha vida e, por este motivo, realmente apenas com o nosso caro Jacy e com os filhos queridos que ela nos deixou, poderia, de minha parte, mostrar a extensão de meu pesar, ao vê-la partir, antecedendo-nos na Grande Mudança.

(Uberaba, 19/02/1980)

***

A perda de um soldado mesmo com quase cinquenta e três anos de serviço e lealdade ininterruptos ou a perda de uma longa batalha não significam derrota numa guerra. "A luta do bem contra o mal e da luz contra as trevas" continua para diante.

(Uberaba, 27/01/1980)

***

Pequenino e modesto soldado nas fileiras dessa guerra espiritual até a vitória final do Bem com Jesus, continuo com o mesmo ardor de fé em Deus e certeza na imortalidade da alma, no lugar de serviço que os mensageiros da luz divina me confiaram por acréscimo de misericórdia para com o meu espírito imperfeito. Se for desígnio do mais alto que eu venha a me sentir absolutamente sem forças para servir na causa em que fui engajado e se me reconhecer rodeado pelos salteadores das trevas sempre interessados na destruição dos valores de Cristo, que fomos chamados a cultivar, rogo a Deus me conceda meios de sair-lhes da perseguição e do encalço, assim como concedeu forças a nossa estimada Tiquinha para resistir-lhes à crueldade até o sacrifício, partindo do plano físico na direção do mais Além, talvez incompreendida, mas não desmoralizada.

(Uberaba, 27/01/1980)

***

Conhecendo-a, porém, desde a infância, sei que ela trabalhou e lutou valorosamente até o término da tarefa atual, sem se deixar abater pelas influências dos adversários do bem e da luz. Admitir que ela teria fraquejado porque a doutrina de amor e paz por ela professada não a resguardasse contra o mal, seria cometer a injustiça de considerar um obreiro do bem, consagrado ao trabalho por mais de meio século, sem intervalo e sem pausa, largado ao poder do mal sem qualquer proteção por parte daqueles que o assistem e chefiam. Ao contrário disso, percebo no obreiro desse tempo de serviço e dessa altura de perseverança, uma ilimitada capacidade de resistência aos empreiteiros da perturbação e da crueldade, sempre inclinados à destruição daqueles que asseguram as boas obras.

(Uberaba, 27/01/1980)

***

Escrevo aos prezados sobrinhos e parentes esta carta sem a menor pretensão de alterar-lhes esse ou aquele ponto de vista, mas na condição de irmão que conviveu com a nossa estimada Tiquinha, nos primeiros tempos da vida e na formação dos alicerces dos nossos ideais, a fim de afirmar-lhes que o nosso caro Jacy teve nela a esposa digna; que os filhos queridos nela receberam a presença maternal com devotamento sem limites e que nós, os seus irmãos, sejam ou não da consanguinidade, nela encontramos o exemplo de trabalho e de fé viva em Deus, com a demonstração de uma coragem imbatível contra as insinuações à desordem ou à delinquência.

(Uberaba, 27/01/1980)

***

Gostei da sua definição sobre o "desespero mesmo". Eu também estou com você. Quando o "desespero mesmo" me aparece, só a oração muito prolongada em regime de isolamento consegue me asserenar. Estou como sucede a você mesma: sempre com a lembrança de nossa querida ausente, qual um ponto ferido no coração que ainda não conseguiu cicatrizar-se.

(Uberaba, 18/10/1980)

***

Só o trabalho no Bem, que ela mesma ensinou, conseguirá secar as nossas lágrimas. Não tenha dúvida disso. Onde estivermos, nós mesmos, pelos vínculos do amor que a ela nos ligam, procuraremos o nosso sofrimento último, manhã por manhã, para ajustá-lo com segurança ao próprio coração e caminhar com ele até que chegue, um dia, no qual poderemos retirá-lo para sempre. Deus nos dará forças para seguir adiante e honrar a memória da nossa ausente querida com a execução das tarefas nas quais nos deseja firmes e confiantes.

(Uberaba, 06/05/1980)

***

Meu pai e seu avô, João Cândido, não admitia que eu pudesse ouvir vozes de outra vida, e dentre minhas irmãs e irmãos, somente sua mãe, com a nossa outra mãe Cidália, me protegiam, quanto aos assuntos espirituais, em meus conflitos. Apeguei-me a elas, com todos os meios ao meu alcance, a fim de sobreviver. Pelo fato de me haver empregado na Fábrica de Tecidos, em Pedro Leopoldo, aos dez anos de idade, você conseguirá avaliar que a infância para mim começou em duras lutas; das lutas que atravessei, um dia, falaremos. E o importante disso tudo o que sinto e de que falo a você, em tantas laudas de papel, é que a desencarnação da nossa mãe Cidália, em 1931, e a desencarnação de nossa Tiquinha, em 1980, tiveram sobre mim o mesmo efeito. Quarenta e nove anos de diferença entre uma e outra não modificaram a minha sensação de íntimo desamparo.

(Uberaba, 06/05/1980)

***

(...) Ah! (...) quem diz que tempo e ausência são capazes de separar aqueles que nasceram no mesmo recanto doméstico estão enganados. Chorei por nossa querida companheira que nos antecedeu na Grande Mudança, como se nunca houvéssemos estado longe um do outro, um só dia!

***

Em crianças, era ela que me protegia. Entramos para trabalhar na fábrica de tecidos, quando eu estava com dez anos e ela com pouco mais de doze. Ela sabia que eu tinha receio das máquinas muito grandes, sempre rodadas com solas enormes, e pedia aos chefes do serviço para que me tratassem com paciência...(...) quando nosso pai nos pedia cantar com ele por muitas horas a fio, ela encontrava um meio de me auxiliar para que eu descansasse.

Nossa segunda mãe, de quem você traz o nome, era uma pessoa maravilhosa e foi para nós mais um anjo do que a presença de uma tutora maternal; pois foi a nossa Tiquinha quem me ensinou a amá-la, de tal modo, que com alegria partilhava com a nossa querida Cidália, a procura de lenha no campo, a busca de água em chafarizes públicos ou particulares para o uso doméstico, a caça dos estrumes de currais para cultivarmos a horta, a arrumação da cozinha e tantas tarefas outras que ela, na fábrica, durante o dia (eu trabalhava em turma da noite) não podia fazer ... No início de nossas atividades doutrinárias, partilhamos juntos os compromissos da mediunidade e, nos dias em que eu me via assediado pelo cansaço ou pelo desânimo, era ela quem recebia para mim as mensagens que me levantavam as forças.

Como poderia eu esquecer tanto amor? Até hoje, choro a ausência dela com o "desespero mesmo" que ficou sendo tão nosso. Perdoe-me se apresento ao seu coração de filha estes apontamentos. Aqui, não tenho ninguém para comunicar emoções e lembranças. Os amigos que me poderiam ouvir, na paisagem na qual me encontro, nada sabendo de minhas memórias, não a veriam nas recordações que eu apresentasse e se eles me falassem com superficialidades, isso seria para mim um sacrilégio, porque as memórias sagradas de nossos corações, ou serão partilhadas pelos outros com a mesma altura de compreensão e sentimento ou então devem permanecer encerradas em nosso íntimo para as nossas orações do silêncio.

(Uberaba, 22/10/1980)

***

Há quem diga que a gente sofre pelas pessoas queridas, quando se sente ciúme. Mas eu nunca senti ciúme nem de uma nem de outra. Ver Cidália feliz foi sempre a minha maior alegria e senti tanta felicidade no casamento de Tiquinha e Jacy, que fui eu (não sei se ela contou isso a você, algum dia) quem desenhou a guarnição do primeiro dia do enlace, formando, embora imperfeitamente, papoulas de aquarela em organdi. Em 1929, eu ainda não tinha a enfermidade ocular que me assinala, há muito tempo, e dedicava todo o meu tempo disponível à pintura em tecidos. Como você pode notar é um amor imenso pelas duas, ante a grandeza do bem que me fizeram e do carinho com que se me revelaram, sem que eu nunca esperasse, nem de uma nem de outra, qualquer retribuição. O que elas me deram em devotamento, na espontaneidade que as caracterizava, era o bastante. Não tinha eu nada a reclamar e sim a retribuir, o que nunca pude fazer em vista das circunstâncias difíceis em que sempre me achei.

(Uberaba, 06/05/1980)

***

Sempre ouvi de nossos amigos espirituais que a melhor maneira de honrarmos os nossos entes amados que atravessaram as barreiras da desencarnação será continuar fazendo por eles o que estimariam prosseguir realizando, e a divina providência nos auxiliará a permanecer fiéis ao trabalho e à presença espiritual de nossa Tiquinha, tentando retribuir a ela pelo menos um pouco do imenso patrimônio de amor que ela nos deu. O Senhor nos fortalecerá. Creia. Ela própria será em seu abençoado caminho a luz do princípio; afagará seu coração com poemas de fé e esperança; insuflará energias novas em seu ânimo e guiará os seus passos na senda do Bem. Ela não nos deixará órfãos de sua assistência bendita e, por nossa vez, lembrando-a sempre, cumpriremos nossos deveres com alegria. Tenhamos confiança e prossigamos nas tarefas que recebemos dela, porque, em verdade, querida Sidália, eu comecei a jornada em nossos ideais, depois dela, acompanhando-lhe os passos na estrada que a nossa ausente querida me descerrava com inesquecível carinho e desmedido amor. Deus seja louvado por termos tido o privilégio de recebê-la neste mundo por estrela orientadora nas trilhas a percorrer! ...

(Uberaba, 12/05/1980)

***

Pode crer você que muitas tempestades desabaram sobre esta longa jornada em que me vejo, há mais de setenta anos; entretanto, nada me proporciona tanta força de fé em Deus e tanto estímulo à vida como permanecer no trabalho, em que a confiança no alto nos mantém ao lado dos irmãos que atravessam problemas e inquietações maiores do que os nossos. Aliás, essa mesma atitude sempre caracterizou a nossa ausente inesquecível que ao temor de nossas tarefas em comum, em Pedro Leopoldo, me dizia: "Chico, a minha única fonte de força para o serviço do Bem é a própria tarefa no bem dos outros que a gente consiga realizar".

Deus nos fortaleça para encontrarmos sempre bom ânimo e paz, resistência e alegria nas atividades da doutrina de paz e amor em que a divina providência nos concedeu a bênção de crer e de agir, construindo o nosso amanhã.

Agradeço, mas agradeço com todo o meu coração, os seus cuidados em meu auxílio. Agora que Deus me permitiu (e sei que com o auxílio dela) pudesse eu estar com vocês, os entes queridos de Sabará, de modo a permutarmos os corações, posso dizer a você que tive de suportar, a sós, do ponto de vista familiar, o golpe que se abateu sobre nós. Quantas vezes me encerrei naquela sala desarranjada, a portas trancadas, para chorar, não sei dizer. Era e é muito amor entre a nossa querida ausente e eu para que meus sentimentos estivessem anestesiados ou esquecidos

(Uberaba, 09/01/1981)

***

Você me pergunta se tenho visto a nossa querida dona Maria Xavier. Tenho sim.

(Uberaba, 18/03/1981)

***

Numa sexta-feira de tarefas públicas, em meio das atividades mediúnicas, senti uma certa fadiga. Ainda me achava com os nossos amigos Weaker e dona Zilda, na sala reservada às orientações particulares. Então, pedi a eles que fizéssemos uma pausa de dez minutos. Passamos a essa pausa e concentrei-me, pedindo a ela que me auxiliasse, embora sabendo que os nossos benfeitores estavam nos amparando, como sempre. O meu pensamento, no entanto, buscou o auxílio dela instintivamente, recordando a dedicação que ela sempre mantinha no trabalho espiritual e, em seguida à sensação de repouso que senti, com muita surpresa e alegria eu a vi perto de mim, com tanta nitidez que não posso deixar de relatar a você o acontecimento rápido.

A emoção de vê-la (eu trazia os olhos fechados) foi muito grande e a visão, no total de tempo, haverá perdurado por um minuto. Ela sorriu, nada disse, mas fez um gesto de encorajamento para mim, que traduzi por um apelo à confiança em Deus e à continuação do serviço. Voltei ao meu estado natural, claramente bem, e a tarefa prosseguiu até a fase terminal, sem que repetisse cansaço algum. Fiquei tão contente, que lhe envio esta informação. Sempre tenho a certeza de que ela prosseguirá amparando a nós todos, não é?

(Uberaba, 06/06/1980)

***

Nestes dias, em que vou marchando menos forte, ela tem vindo ver-me. Você sabe: nos tempos últimos, ou estou com muita gente ou sozinho. E, nesses momentos, em que me vejo a sós com o trabalho espiritual e com a prece, eis que ela me concede alguns minutos, poucos minutos, de silêncio ou de palavras reconfortantes. Ora triste, ora nos mostrando encorajamento. Como no começo de nossas tarefas mediúnicas, ela me reanima e me fortalece, deixando-me sempre melhor e mais confiante no amanhã. Numa noite dessas ela me disse: "Chico, se eu soubesse que você lutava tanto para sobreviver na mediunidade, eu teria vindo ver você muitas vezes, antes do retorno à vida espiritual..."

Mas eu procurei tranquilizá-la, aliás, reconhecendo que sempre foi assim, afirmando-lhe que, em espírito, eu sabia que ela não me havia deixado a sós, que orava por mim, que vinha me ver nas horas do desprendimento pelo sono físico e que me acompanhava em todos os meus dias mais difíceis. E, como sempre, pedi a ela me estendesse, por bondade e socorro, as suas mãos de irmã que tantas vezes me ampararam e auxiliaram, para que eu continue cumprindo menos mal os meus deveres, até o remate das tarefas.

(Uberaba, 18/03/1981)

***

Certo dia, perguntei ao nosso Emmanuel como definia ele a compreensão e ele me disse: "a compreensão é o desespero pacífico". Peço a você ajudar-me com as suas preces, pedindo aos Mensageiros do Senhor me auxiliem a conseguir essa espécie de aquisição espiritual. Por enquanto, embora tanta gente me suponha uma "paisagem sempre calma", tenho os meus dias de angústia com a agravante de que preciso tê-la concentrada, porque os outros, em torno de mim, não me entenderiam. Não é rebeldia perante Deus, nem perda de fé, mas uma tempestade interior, minha própria. Tempestade para o meu gasto. Imagine só que definição arranjei para meu uso. Deixa estar que num dia em que eu estiver nessa tormenta magnética, irei para conversarmos. Tenho fé que você me auxiliará no reajuste preciso.

(Uberaba, 18/10/1980)

***

Como você pode ver, querida Sidália, o amparo dela não me tem faltado, graças a Deus e, assim vou indo melhor. Foram tantas as lembranças dela, que mantive a ideia de tê-la mais perto de nós. E nessas ocasiões, por enquanto, estou qual sucede com você mesma; encerro-me no aposento, a sala desarrumada, para chorar mais à vontade. É o momento do "desespero mesmo", tão nosso conhecido. É uma chuva de lágrimas na qual o sofrimento e a esperança, a saudade e a fé, a resistência na luta e a rendição aos desígnios de Deus se misturam.

Mas levanto-me dessas crises solitárias, sentindo sobre mim o influxo da presença dela, convidando-nos a caminhar para a frente e a trabalhar sem repouso. Grande irmã!

De qualquer modo, desejo que você saiba quanto reconforto me trouxeram e como sou grato a Jesus por havermos recebido juntos a visita espiritual e a palavra da criatura querida que, na Terra e no plano espiritual, nos reúne em seu imenso amor.

***

Ela se ergue de suas próprias lutas para aliviar as nossas e compreendendo-nos sempre, ora com as nossas inquietações e confia em Deus sobre as nossas saudades, escorando-nos na jornada. Graças a Deus, você está jovem e, ao lado de nosso prezado Cornélio, trabalhará e realizará muito ainda. Você será ela mesma, agindo e construindo...

(Uberaba, 04/11/1980)

***

Um sonho lindo e bom que me trouxe mais alegria de trabalhar e viver. O que você me conta da nossa visita ao recanto das lembranças últimas de nossa querida ausente é o que sucedeu comigo. Aquelas flores me pareciam estrelinhas brilhando. Quando crianças, a nossa querida Tiquinha e eu gostávamos de cultivá-las no quintal e dávamos a elas, no nome de "jurujubas". Mais tarde, nos disseram que essas flores são conhecidas por outros nomes. Vocês todos me perdoarão se chorei tanto. Ali, nós todos, junto às lembranças dela, a saudade era uma dor ainda maior que a de sempre, em meu íntimo.

(Uberaba, 09/01/1981)

***

Com respeito ao Abrigo, não me esqueço do dia em que ela e Jacy assumiram a direção do Lar Irmã Tereza, aí em Sabará, se não me engano em 1942.

A felicidade de nossa querida ausente era enorme, ao abraçar os primeiros velhinhos internados. Depois, por desígnios do alto, a obra se transferiu de cidade e notei que ela ficou sempre a desejar que o recanto dos velhinhos se reconstituísse. Estou certo de que esse ideal em nossa Tiquinha era um compromisso com ela própria e com as obras de Jesus. Agora, querida Sidália, estou igualmente certo de que devemos tudo fazer pelo Abrigo, não é? (...)

(Uberaba, 09/01/1981)

***

Desculpe-me se falei tanto. É que sei encontrar entendimento e bondade em seu coração generoso que também a conheceu e a ama com esse amor e essa dor que estarão conosco em todos os dias da vida.

***

Muito grato por você me haver escrito. Foi ela quem terá pedido a você que me auxiliasse e me estendesse as mãos. Tenho a certeza disso. Deus abençoe a vocês duas e as recompense.

(Uberaba, 22/10/1981)

***

Deus abençoe a nossa querida Tiquinha e conceda a ela a felicidade a que ela faz jus. Aqui, do meu recanto de trabalho e de luta, peço igualmente a ela nos abençoe e nos proteja, estendendo-nos as mãos protetoras e abençoadas de sempre, a fim de seguirmos adiante, nos caminhos da vida, cumprindo os nossos deveres.

Grande abraço do irmão e tio sempre reconhecido.

Chico Xavier

Nota: Trechos de cartas escritas por Francisco Cândido Xavier para Sidália Xavier, tendo sido, algumas delas transcritas no decorrer deste livro.

MINHA MÃE

A história do desenvolvimento da doutrina espírita, na cidade de Sabará, confunde-se com a história de vida da protagonista deste livro: Maria da Conceição Xavier Pena ou minha mãe Maria Xavier.

Uma "combatente pacífica" da luz contra as trevas, na feliz expressão de seu irmão Francisco Cândido Xavier. Imprimiu seus traços nesta histórica cidade, através de trabalho realizado por mais de quarenta anos na área religiosa e social.

Sem qualquer formação acadêmica, embora dotada de uma inteligência rara, despida de qualquer preconceito, à poderosa fé em Deus aliava agir em nome do bem e do profundo respeito dedicado ao semelhante.

Enérgica, determinada, solidária e trabalhadora. Mãe de oito filhos e com poucos recursos, esposo operário, soube conduzir, com a ajuda do companheiro, a prole e o lar, administrando com sabedoria o pão, as necessidades familiares, a educação e a alegria do ambiente doméstico.

Cumpridora fiel dos deveres do lar, responsável e vigilante com os compromissos assumidos com a doutrina dos espíritos.

Lutas? Dores? Quem não as tem na vida terrestre, transitória e rápida, repleta de oportunidades e testemunhos?

Alegria, entretenimentos, ideais, trabalho. A música, o violão, a leitura, a sede inestancável de aprender, servir ao próximo por amor a Jesus.

A construção de uma vida é obra do indivíduo que realiza, ele mesmo, o dia a dia de sua existência física. Mas a realização obtida, no curto prazo de uma encarnação, observa-a quem fica, às vezes, muitos anos depois.

E agora, mais de três décadas após a desencarnação de Maria Xavier, reunimos suas histórias, sua vida, sua memória e as entregamos a você, amigo leitor.

Longe da presunção intelectual, descrevo meus sentimentos com as cores do amor filial, profundo e cheio de gratidão a este espírito admirável, lutador e resoluto que foi minha mãe.

Dos meus 74 anos de vida na atual encarnação, espraio o olhar para o passado... pelo que vi e vivi. Uma visão profunda e emocionante abrange tudo que ouvi, li e sei. Um clima de serenidade unge o meu espírito, e é como se eu agora sentisse que a "vara e o cajado" sempre estiveram presentes em nossa caminhada, nos amparando.

Diante de Deus, o Pai de amor e misericórdia, que estabeleceu leis perfeitas para conduzir Seus filhos ao roteiro da evolução, e por consequência à felicidade, somos todos espíritos perfectíveis e, por mais nos desviemos do caminho reto, estas leis nos auxiliam e reconduzem ao bem. O tempo que isto levará depende de cada um de nós.

Assim, o futuro se nos depara como uma tela convidando-nos a tecer paisagens de esperança, otimismo, tolerância e fraternidade.

Um afeto muito grande permeia nossas lembranças, e a construção do bem que nos moveu e nos move passa por corações como o de Maria João de Deus (avó), Cidália Batista (segunda avó), meu pai, minha mãe, todos os meus tios e tias aos quais devemos uma herança de exemplos e de alegrias imorredouras.

Amauri, meu irmão, é lembrado por nós com sincera fraternidade e respeito e, com certeza absoluta, ele, seus pais e nós, os irmãos, teremos extraído lições oportunas da convivência. Ele, em sua curta trajetória terrestre, reencontrou amigos sinceros e Anjos da Guarda valiosos, como nossos pais, meus irmãos mais velhos, o tio Chico Xavier, Joel e Adília Franco, Rubens Romanelli e dona Alda Romanelli, além de dezenas de outros cireneus inesquecíveis que a nós também ofereceram suas "varas e seus cajados" na rude travessia. Se ele não aproveitou tanto como deveria os dons mediúnicos, a inteligência privilegiada, a luz da doutrina espírita, terá agora avaliado no plano espiritual com mais clareza valores essenciais como o tempo e o trabalho.

Recordando minha mãe, mobilizo a memória viva e poderosa da alma. Sua voz, suas músicas, suas mãos, seu coração, suas ações. E a família que construiu muito além da consanguínea: a família da Casa do Caminho, dos vizinhos, dos "agregados" que a nós se uniam num intercâmbio espiritual e feliz; as noras, os netos, o genro. Tudo numa permuta permanente de crença de valores como o trabalho, a amizade, o respeito. E, por fim, a família sabarense, a quem minha mãe amava e servia com alegria e devotamento.

Reunindo todas estas lembranças e visualizando-as com a ótica do futuro, compondo, painel a painel, o conjunto das experiências vividas na obra inacabada do nosso aperfeiçoamento, sentimos que Cristo nos fala no recesso da consciência repleta de gratidão e esperança: "Vinde a mim, todos vós que sofreis e que estais sobrecarregados e eu vos aliviarei. Tomai sobre vós o meu jugo, e aprendei de mim que sou brando e humilde de coração, e encontrareis o repouso de vossas almas; porque meu jugo é suave e o meu fardo é leve". (Mateus, cap. XI, v. 28, 29 e 30)

Alegra-nos compartilhar esta narrativa da vida rica de ideal, daqueles que souberam materializar em ações que transformaram para melhor o caminho por onde passaram e outros que por certo perpassaremos, para nos aproximar do caminho, da verdade, e da vida eterna.

Sidália Xavier Silva
Sabará 15/10/2010

Maria Xavier e Jacy Pena (noivos)

Maria da Conceição Xavier e Jacy Pena com os filhos. De pé, da esquerda para a direita: Cláudio, Amauri, Paulo, Francisco. No colo, Sidália; junto ao pai, Sálvio, e ao lado da mãe, David (foto de 1946)

MEU TIO CHICO XAVIER

Embora tenha tido alguns contatos com o meu tio Chico Xavier ainda pequena, em Sabará, só fui realmente conhecê-lo ou reconhecê-lo por ocasião do casamento de uma de nossas primas, filha de nossa tia Lourdes, na cidade de Vespasiano onde moravam.

Compareci a este casamento. Creio que eu deveria estar com uns 10 anos de idade, e Chico lá estava presente na casa da família.

Fiquei muito admirada ao vê-lo conversando naturalmente com as pessoas e lembro-me que, dentro do meu espanto, derrubei de mesa próxima um bibelô de louça que representava uma casinha com chaminé e jardim.

O bibelô não se quebrou para o meu alívio, e eu o apanhei desconcertada, enquanto Chico me olhava e dizia calmo: "A casa bem edificada não se estraga facilmente."

Quantos anos se desdobraram após este encontro! Quantos caminhos percorremos...

Ele, na faina incansável de construir e espalhar o bem, a paz, o reconforto a multidões.

Eu, na viagem vagarosa da edificação do meu mundo íntimo, da renovação de meus valores com Jesus.

Ele agigantou-se diante da missão, abraçada com renúncia e humildade.

Eu, na ânsia de vencer a mim mesma, procurando amparar-me nas propostas de trabalho que a bondade de Deus colocou em meu caminho.

Até que, decorrido mais de meio século do nosso primeiro encontro, os nossos caminhos se entrecruzaram de novo, na hora da provação e do testemunho.

Ele, espiritualizado e amoroso, sofrendo a perda da irmã querida.

Eu, meu pai, e meus irmãos, sofrendo a perda da mãe, esposa, amiga e conselheira. Porém, ombro a ombro, coração a coração, cada um ofereceu ao outro o que tinha de melhor.

Amparamo-nos reciprocamente por que "a casa bem edificada, não se estraga facilmente".

Além das notícias da inesquecível "ausente-presente", como ele mesmo se refere muitas vezes na correspondência conosco, encontramos em Chico o familiar carinhoso que nos auxiliou a manter o rumo seguro na estrada da fé e da esperança.

Na mesa das reuniões do Grupo Espírita da Prece, ou em seu lar, ao redor da mesa de refeições, entre palestras afetivas e proveitosas, ou entre nós, em Sabará, nos momentos íntimos, nós o abraçamos, ainda hoje. E sempre o faremos, porque o caminho entre os corações que se amam nunca está impedido ou fechado.

Nós, a família de Maria da Conceição Xavier, e sua família, dizemos:

– Ave, Chico! Nossos corações reconhecidos te saúdam!

Sidália Xavier Silva

Francisco Cândido Xavier

I – PROVA DE FOGO
UM DIA PARA SE ESQUECER!

CIDADE DE SABARÁ, Minas Gerais...

Era o dia 1º de janeiro de 1980, um almoço fraterno, na casa de Sidália Xavier. A comemoração do ano que se iniciava.

Maria Xavier, a mãe da anfitriã, furtou-se de estar presente, como nos últimos tempos, optando pelo isolamento. A cada dia o seu quadro depressivo agravava, aturdindo os familiares, e a reclusão tornava tudo mais complexo. Ela estava perdendo a batalha contra as forças espirituais; na mesma proporção os filhos se uniam, buscando recursos morais para ajudar a heroína de suas vidas.

Foi nesse fatídico 1º de janeiro. Vencida pela fragilidade orgânica e psicológica, Maria Xavier levou a efeito a ideia do autoextermínio, sem que nenhum dos filhos pudesse evitar o lamentável desfecho.

Álcool... Fogo, desespero...

À distância, Paulo Pena, seu filho, tem um pressentimento ruim. Um aperto no coração. Instantaneamente recorda de sua mãe. Algo o impulsiona, e imediatamente sai célere em busca de Maria Xavier, que nesse momento estava em apuros.

Ao chegar no local do fato, o desespero tomou conta de Paulo. Que horror! A mãezinha se debatia com as labaredas de fogo.

A cena foi traumática para o filho mais velho, e depois para os familiares, que foram acionados às pressas.

Atendida em hospital da cidade, foi a óbito na madrugada de 4 de janeiro.

Em pouco tempo a notícia estarreceu a comunidade da centenária Sabará, que aprendera a admirar e respeitar Maria Xavier.

Um acontecimento para esquecer? Impossível.

O que fazer? Esperar o tempo...

Essa data que antes foi motivo de festa, pois em 4 de janeiro era aniversário de Jacy Pena, seu amado companheiro de jornada, tornava-se, a partir de então, um marco a ser superado.

O rio do tempo deságua na misericórdia da Providência Divina, ensina a sabedoria da vida. No entanto, como avançar?

Eis o mistério para ser descoberto.

Após o sepultamento, a família procura Francisco Cândido Xavier, e a resposta não tardou. O irmão de Maria Xavier, perplexo com a fatídica notícia, passou a auxiliá-los, curando as suas próprias dores pela perda de sua mais próxima irmã. Ele que, desde o ano 1927, ao lado de Maria Xavier, dedicou a vida a enxugar lágrimas no socorro aos aflitos, com essa novidade compreendia que teria que secar o próprio pranto, junto dos filhos da inesquecível Tiquinha, apelido de Maria Xavier.

Enfim, todos ficaram órfãos de uma grande guerreira do bem.

Passado algum tempo, o rio dos acontecimentos dá os primeiros sinais. Chico Xavier envia notícia que iria mudar a vida da família. Através de uma carta, a bendita esperança adentra os corações.

Eis um singelo resumo do que o leitor encontrará, de posse do bilhete para o início de uma longa e sinuosa viagem, repleta de surpresas e emoções.

II – Como conheci a família

Atendendo a um convite visitamos a cidade de Sabará para fazer exposição espírita. Ali quis o destino promover um encontro marcante para o nosso coração.

Quando nos preparávamos para percorrer, de carro, uma estrada velha das Minas Sabarenses, ouvíamos um disco em que a doce voz de Francisco Cândido Xavier nos brindava com notas sublimes do evangelho. Essa interação com mensagens do alto projetam a alma ao reino interior, pelas vias da reflexão, inspirando momentos felizes.

Quantas trilhas, quantas vidas!

Desde o momento em que deixamos nossa casa, sob o influxo da voz de Chico, fomos sendo, pouco a pouco, envolvidos por cariciosas sensações que nos fizeram lembrar de Maria João de Deus, mãe do médium de Pedro Leopoldo. Ela, que foi um presente do alto para seus nove filhos, nasceu em Santa Luzia (MG), filha de Francelina Gomes, escrava liberta, tornou-se a mãezinha ofertada pelos céus para lavar as fraldinhas do menino Chiquinho e de mais 8 filhos. Tomados por essas lembranças, recordamos, ainda, algumas passagens desse anjo feito mulher, adocicadas pela genuína simplicidade e por um gigante amor maternal.

Quando chegamos ao Centro Espírita de Sabará, Casa do Caminho, gratas surpresas nos aguardavam. Descobrimos que os responsáveis pelo evento, tipicamente sabarense, era o casal Cornélio e Sidália Xavier Silva. E que Sidália era filha de Maria Xavier, portanto, sobrinha de Chico Xavier. Detalhe interessante é que, até então, desconhecíamos esses vínculos familiares com o médium de Pedro Leopoldo.

Logo que chegamos à recepção, deparamos com três retratos que nos chamaram a atenção e, por isso, indagamos aos frequentadores da casa:

– Perdoem-me, senhores, mas essa companheira do quadro me parece conhecida. Por acaso é fundadora da casa?

A resposta não poderia ter nos causado maior impacto:

– Esta é minha mãe, Maria Xavier Pena! – acabava de responder-me o senhor Paulo Pedro, sobrinho de Chico Xavier.

Naquele instante, ficamos extáticos, prestando atenção naquela gente simples e humilde de coração que demonstrava, com lágrimas nos olhos, o agradecimento e, ao mesmo tempo, as saudades, da mãe há muito desencarnada, bem como do tio Chico, que há tão pouco tempo tinha partido para o reencontro com alguns dos 'Amigos para Sempre'.

A senhora Sidália relatou, nos poucos instantes que antecederam a palestra, que na noite anterior ela havia sonhado com o seu tio Chico. Nesse sonho, o tio expressava um sorriso silencioso e jovial, e ela lhe falou que gostaria muito de trabalhar pela doutrina, como ele o fez, até o último dia de sua jornada terrena.

Durante o estudo, sentimo-nos parte da família Xavier, dado o enorme carinho recebido. Tornou-se impossível não falar da vida do Chico. No entanto, procuramos imprimir um tom de alegria trazido pelo evangelho, no intuito de envolver o público com belos casos. Ao relembrar passagens pitorescas da secular família, trouxemos à baila sorrisos da plateia, encarnada e desencarnada, e esse foi o maior presente da noite!

Dentro dos casos citados, por exemplo, contamos um já bastante conhecido no meio espírita: Chico, ao ser abordado por seu pai, João Cândido Xavier, sobre o provável nome de Jesus Cristo, caso ele voltasse à Terra, a resposta do jovem Chico se fez inesquecível naquela noite de tantos sorrisos: "– Alegria, meu pai! Sendo ele o amparo aos tristes, pão para os famintos, médico dos estropiados e apoio para os que lutam pelo amor, seu nome só poderia ser Alegria".

E, assim, terminou o estudo de uma noite inesquecível.

Abraços, já saudosos, na despedida dos novos amigos da família Xavier.

Agradecemos a Deus essa viagem tão singela, e tão especial, que ficará guardada em nosso coração com ares de nostalgia até o dia (quem sabe!) em que esta família nos convide para voltar, não só para o estudo, mas, se der tempo, para tomar um café e saborear a famosa quitanda mineira na casa de dona Sidália.

III – Dez anos depois...

Através da mesma estradinha velha de trechos sinuosos e asfalto desgastado, viajávamos de regresso a Sabará para reencontrar a família amiga.

Sidália e Cornélio, o casal amigo, recebeu-nos para uma visita fraterna regada a quitanda mineira, e uma boa conversa.

Após a recepção carinhosa, os diálogos e recordações tiveram curso:

– Sidália, agradecemos a acolhida solícita e amiga. Logo que nos tornamos espírita, passamos a interessar pela vida de Francisco Cândido Xavier, e, por termos tido a honra de conhecê-los, despertou o desejo de estarmos mais perto. De repente vocês podem ter elementos que possam ser utilizados, de alguma sorte, em nossas pesquisas. (Esclarecemos a eles que tivemos o privilégio de nos tornar amigo de Arnaldo Rocha, parceiro leal de seu tio. Desse convívio amistoso, das conversas informais, despretensiosamente, surgiu o desejo de registrar as memórias de Arnaldo. E desses registros nasceu o livro *Chico, diálogos e recordações*.) Agora estamos em sua casa, com o objetivo de propor um trabalho recordativo sobre a sua família. Poderemos estabelecer um roteiro de entrevistas que colaborem com nossas pesquisas biográficas?

> Sidália Xavier – Seja bem-vindo à nossa família, Carlos Alberto...Eu não sei se posso ser útil, mas se puder ajudar, afirmo que será uma grande alegria para todos nós.

– Agradecemos de coração a gentileza, e, se nos permitir, iniciamos rogando a Jesus que abençoe esta iniciativa, para que possamos ter momentos de muito aprendizado.

> – Sim, concordo. E digo que eu e Cornélio já fizemos nossas preces antes que você chegasse.

Essa abertura do diálogo foi muito emotiva, e ficamos em dúvida se as palavras seriam capazes de traduzir com fidelidade o que todos nós sentíamos naquele instante inicial.

– Vamos iniciar pela pergunta que não quer calar. Deve ter sido um drama doloroso para vocês a perda de Maria Xavier. Você poderia retroceder no tempo e nos contar como aconteceu a desencarnação de Maria Xavier?

> – Claro, meu amigo. Foi o maior testemunho da minha vida e de toda a nossa família. Mamãe era a referência para todos nós, como foi para a cidade de Sabará, pela sua farta semeadura de exemplos de amizade e de legítima caridade por mais de 50 anos.

Nesse instante ajustamos a cadeira para ouvir atentamente, sem perder nenhum detalhe da narrativa.

> – Recordo-me de cada detalhe, como se fosse hoje, embora tenham se passado mais de três décadas da sua desencarnação. Encontrar mamãe se debatendo em cha-

mas; as horas intermináveis no hospital; a desencarnação, velório, cemitério; voltar para casa depois e não a encontrar... Tudo isso, meu filho, toca-nos fundo, embora o espiritismo sempre tenha feito parte de cada momento da nossa vida. A dor da perda parecia insuperável. Restava-nos pensar que as estrelas mudam de lugar, mas sempre se encontram em alguma parte no Céu.

Olhava para o silêncio de meu pai, e meditava na extensão dos acontecimentos para ele. Como seria o futuro? No entanto, Jacy Pena, silencioso e solícito com todos, apesar do peito opresso, arrimou a todos nós.

– Seu pai era o único remanescente, em 1927, do socorro prestado à família quando da doença de Maria Xavier. Correto?

– Sim. Você também foi longe, meu amigo! Quando mamãe adoeceu espiritualmente, minha tia, Carmem Pena Perácio (irmã de papai) e o seu marido, Juquinha Perácio, foram verdadeiros cireneus que socorreram nossa família.

Desde criança, minha mãe e meu tio, Chico Xavier, eram médiuns ostensivos. Pela falta de recursos e informações, foi um período muito difícil para a família. Até que, no ano de 1927, minha mãe teve uma crise, levando a todos o desespero total. Foi por causa dessa emergência que meu avô, João Cândido Xavier, meus tios, José e Chico Xavier, procuraram o casal bendito. A notícia se espalhou rapidamente. Por isso houve mobilização da família para se unirem em torno da oração e da orientação da doutrina espírita.

Meu pai, Jacy Pena, vendo o sofrimento daquela moça, se apresentou também para tentar ajudar de alguma sorte, e, após a tempestade, ele e mamãe se apaixonaram e o romance nasceu com apoio das duas famílias, sendo Chico quem mais incentivou o namoro e a aprovação de meu avô.

Embora envolvidos por uma onda de sentimentos, insistimos na arguição.

– O que está afirmando encaixa-se perfeitamente com a história narrada por Chico Xavier, citada em vários livros. Eu não havia associado o parentesco da médium Carmem Pena Perácio com o seu pai, e muito menos que a reunião de maio de 1927, uma das mais importantes na vida de Chico Xavier, pudesse estar vinculada a sua família.

> – Por ter conhecimento desses fatos ocorridos em família, damos muita importância. Porém, você está certo em ressaltar esse dado, e julgo oportuno que deva ser registrado para a posteridade.

– Pedimos falar mais de seu pai e de como surgiu a ideia de procurar Chico Xavier no transe aflitivo.

> – Essas cenas de 1927 ressurgiram com pujança, para meu pai, diante do grande baque que dilacerou sua alma amorosa e prudente. Ressalto que Jacy Pena, entorpecido, mas não derrotado, abraçou os filhos. E abraçado por estes, falou com brandura: "Tiquinha não morreu; ela voltará. Acalmem-se, meus filhos! E em breve ela estará conosco com o mesmo heroísmo que caracterizou a nossa caminhada de lutas e provações. Nossa fé na doutrina espírita não é e nunca será vã".
>
> Nós, seus filhos, alimentados pelo equilíbrio e convicção de papai, resolvemos procurar o médium das multidões. Iríamos onde fosse, mesmo que tivéssemos que vencer os maiores obstáculos, atingiríamos a mesma certeza do papai querido.
>
> Apenas um fato poderia dificultar. Depois da década de 1960 perdemos o contato com o tio Chico, devido aos ocorridos com Amauri, meu irmão. Passaram-se 20 anos, e o médium mais conhecido e respeitado, tão sobrecarregado pela tarefa grandiosa junto aos sofredores,

teria tempo para nós? A família de Maria Xavier, acostumada à vida simples de Sabará, hesitou ante a possibilidade de não lograr êxito na empreitada.

No entanto, aprendemos que as dificuldades objetivam a retirada dos seres da zona do conforto. E foi o que aconteceu. Após o primeiro impulso, pedido e obtenção. Viagem surpresa, resposta rápida, certeira. Acolhidos, atendidos, orientados, encaminhados para o caminho conhecido, porém esquecido – a imortalidade. Deu-se o início à batalha contra a morte, e o seu aguilhão foi sendo tragado gradativamente, parafraseando Paulo de Tarso.

Chico Xavier abriu as portas. Alegria incontida! Nosso tio Xavier não poderia decepcionar. E ele nos provou isso. Sua mediunidade singular favoreceu para que fôssemos incluídos, sem privilégios, na fila dos atendidos. Embora sendo seus familiares, no meio de tantos que engrossavam as fileiras de necessitados, estávamos próximos dos nossos sonhos. A amizade verdadeira do tio recompensou os esforços. Graças a Deus!

Seria questão de tempo. Notícias de Maria Xavier por certo chegariam. Não tivemos dúvida.

Sem mais perplexidades, o amor de todos se tornou pilar; então uma ponte entre o Céu e a Terra foi construída, e o intercâmbio com o além-túmulo se tornou realidade viva e pulsante.

Para alegria de todos nós, Carlos Alberto, meu irmão Pichico e Eunice, receberam das mãos de meu tio e amigo a primeira mensagem psicografada e assinada por Joel Franco, benfeitor e amigo espiritual de nossa família, que nos deu novo alento na vida.

Respiramos fundo, observando os olhos marejados de lágrimas da nossa amiga. Para amenizar aquelas intensas emoções, pedimos um pedaço de queijo que estava do outro lado da mesa. Abasteci a xícara de café e acariciei o cão que insistia em brincar com o hóspede. Eis a mensagem na íntegra:

SOFRIMENTO E INSEGURANÇA

"Meu caro Pichico e queridos Eunice e David. Deus nos abençoe e nos proteja.

Recebo, no íntimo, o desejo de vocês, quanto às notícias. E tomem letras.

A nossa querida mãe Maria, da Neném e da Zazinha, chegou bem, conquanto não tão bem quanto seria de se esperar. ([8])

Creiam, porém, que o trabalho mediúnico, ativo e ininterrupto de mais de cinquenta anos sucessivos nas tarefas espirituais, além do serviço maternal intensivo, não foram e nem serão desconsiderados ou inúteis. A justiça divina, não desfocaliza o bem, ainda que o sofrimento da insegurança nos espanque o caminho da espiritualidade.

A querida mãe Maria poderia ter aguardado mais algum tempo...

No entanto, o abatimento lhe quebrou todas as resistências.

Sentia-se um farrapo, embora no farrapo de nossas energias brilhem sempre os recursos de renovação, que a bondade de Deus nos propicia.

A ideia da partida se fez lentamente, naquela organização mental vigorosa, que os embates do coração materno dilapidaram.

Quando a vimos, retirar-se a fim de estar mais só, passamos a temer por sua autodefesa, porque sozinhos, carregamos todo o peso de nós mesmos, e, em companhia dos outros, conseguimos repartir-nos, sendo mais fácil a jornada.

Lutamos e insistimos, para que nos ouvisse; entretanto, a companheira e irmã devotada se fixava, cada vez mais, na ideia de afastar-se totalmente das atividades na experiência física. Para uma servidora daquela estirpe, não

---

8. Quando pequenas, na época do Abrigo Irmã Tereza de Jesus, Gercira de Lourdes Moreira Pena (Dona Neném), nora de Maria Xavier, e Isabel Moreira Lourenço Januária (Zazinha), irmã de Dona Neném, chamavam-na de "mãe Maria", o que era do conhecimento do Sr. Joel. **Nota de Sidália Xavier.**

nos será lícito, dizer que ela caiu na estrada, quando deveria sustentar-se a cavaleiro de qualquer cansaço. Não nos seria compreensível uma descaridade desse tamanho. A querida irmã encontrou um momento, em que não mais soube de que modo contemporizar com as lutas íntimas, e o resultado é o que sabemos.

Quando percebemos o caráter definitivo do desastre, apressamo-nos em buscar o Paulo (filho mais velho), a fim de que o socorro possível lhe fosse administrado, mas apenas conseguimos, por bondade dos Emissários de Jesus, imobilizá-la no corpo, durante as horas nas quais ainda permaneceu com vocês, para que, por ela própria, esclarecesse à família e aos amigos a realidade da situação.

Certifiquem-se vocês, de que a nossa querida amiga, tão somente usava o instrumento vocal nos instantes últimos do corpo, de modo a exprimir-se, porque a vida orgânica fora quase que totalmente arrasada.

De nosso lado, foram prestados a ela todos os auxílios possíveis e desejamos que o mestre Jacy saiba disso.

O Moacir e eu, Adília e outras amizades, velamos junto dela, até que nos foi possível acompanhar-lhe o desligamento. Transportada, para instituto hospitalar, recebeu a sonoterapia, que se fez indispensável e, a breve tempo, reassumirá posição. Certamente, gastará tempo no tratamento das queimaduras, que não ficaram no corpo, simples vestimenta, para as nossas vivências do mundo, mas não lhe faltará o apoio, de que necessite.

Não nos será possível evitar que ela sofra na regeneração dos tecidos sutis do corpo espiritual; no entanto, um outro tipo de trabalho terá pela frente – a falta de vocês, que muito lhe doerá no coração. Mas, se vocês todos, os filhos, com o mestre Jacy (esposo de Maria Xavier), resolverem auxiliá-la, endereçando-lhe pensamentos de confiança em Deus e de paz nos corações rememorando unicamente o bem que ela praticou em mais de meio século de abnegação, certamente que a nossa querida mãe Maria encontrará um caminho menos difícil, para superar-se.

Não podemos negar que ela deixou o campo de serviço

com receio do abatimento, que passou a lhe marcar o pensamento a todo instante do dia, abatimento agravado pela falta do filho, que a precedeu na espiritualidade, há quase dezenove anos, e sem dúvida isso é uma atenuante para quem deu a Jesus a própria vida.

Sabemos, de antemão, que ela voltará, em espírito, à nossa querida "Casa do Caminho" (centro espírita), para ali trabalhar durante todo o tempo, que lhe restava ainda a complementar, mas não ignoramos que isso será para ela uma bênção – restauração com serviço ativo.

Nós, os amigos, pedimos a todos vocês serenidade e coragem. Recordem o exemplo de trabalho que ela nos legou e não fiquem parados na enfermidade, que a venceu. Especialmente ao David e à Sidália (filhos de Maria Xavier), rogamos essa força de esperança, de maneira especial.

A nossa Eunice – nora e esposa de Pichico (filho de Maria Xavier) –, a nosso pedido, reforçará nos dois o ânimo abalado, e vamos prosseguir.

Somos gratos a Sabará – à comunidade inteira – que, sem diferenças de opinião e sem preconceito religioso, conseguiu nos comover com o respeito e com o carinho com que todos os amigos souberam cercar a querida irmã nas últimas horas. É uma alegria e uma honra consignar esse apreço, que significou muito amor e muita dívida, para nós todos.

O Paulo (filho de Maria Xavier) fique animado e firme com o Célio (amigo da família), nos serviços habituais. Tudo se rearmonizará.

Envio abraços de Adília (espírito amigo) e meus ao Lulu (Cláudio, filho de Maria Xavier) e à Maria Luiza (esposa de Cláudio), com os nossos queridos netos.

Ao nosso mestre Jacy, toda a nossa confiança e amizade de sempre, notificando a ele que, também aqui, se trabalha... E se trabalha muito mais.

Queridos amigos, fiquem baseados na bondade de Deus, que, com o auxílio do tempo, tudo restaurará.

Nossa mãe Maria chegou até nós com a vitória quase total, mas Deus nos fará confortados em vê-la, muito breve, com os recursos precisos na integral reabilitação de suas forças.

Muitas lembranças a todos. Não posso organizar uma lista de nomes, num momento em que nos reconhecemos todos com a necessidade de formar uma barreira de paz e reconforto em torno daquela que nos foi, por tanto tempo, na Terra, mãe e irmã, benfeitora e amiga.

Para vocês, representando todos os nossos, um grande abraço do irmão e amigo certo.

Joel Franco.
(Mensagem recebida pelo médium Francisco Cândido Xavier, em 18.01.80, em reunião pública do Grupo Espírita da Prece, em Uberaba, Minas Gerais).

Francisco Pena (Pichico), Chico e Eunice

Reflexões

Leitor amigo, essa mensagem, *Perda irreparável*, ofertada pelo espírito Joel Franco, companheiro das primeiras horas da família de Jacy Pena e Maria Xavier, em Sabará, na década de 1930, abre uma série de missivas do mundo espiritual que tiveram uma importância extraordinária na vida dos familiares que sofreram pela desencarnação de Maria Xavier, aquela que se tornou a viga de sustentação de seus corações.

Descrição emocionante a respeito da maneira como aconteceu o desenlace de Maria Xavier, a recepção oferecida pelos amigos de outrora na condição de benfeitores espirituais, a necessidade do refazimento em nova morada e os desafios da adequação longe dos familiares queridos.

Detalhe importante na descrição. O médium Francisco Cândido Xavier não sabia dos detalhes da desencarnação de sua irmã, deixando os familiares perplexos com a rica e pormenorizada narrativa espiritual.

Encontramos neste endereçamento espiritual impressionantes revelações dos bastidores da desencarnação dolorosa, ofertando ensinamentos valiosos quanto à importância do apoio espiritual nos momentos mais aflitivos na vida humana.

Uma carta que nos remete a expressões de espiritualidade, por enaltecer vivências da caridade legítima que aproxima os seres, superando distâncias, dirimindo as dúvidas, e promovendo entendimento sobre a vida nas dimensões físicas e espirituais

Por fim, narrativas como esta trazem de volta o Nosso Senhor Jesus, o campeão do túmulo vazio, ofertando-nos o ósculo da amizade real, um amplexo de esperança, e o reconforto dos quais sobressai o inexcedível convite – "Vinde a mim".

IV – Contato com o tio

Passado algum tempo, voltamos à saudosa Sabará para novo encontro com Sidália, bondosa anfitriã, para retomar nossos diálogos e recordações fraternais.

Após a recepção fraterna, entabulamos conversa sobre a ida da família Xavier a Uberaba.

– Sidália... Se não se importar, gostaríamos que recordasse o período inicial do contato com o tio Chico Xavier.

– Sim, meu amigo. É com prazer que retornaremos no tempo bendito.

Após o recebimento da primeira mensagem, Chico fez questão de manter contato conosco, fosse por correspondência, fosse por nossas idas a Uberaba ou visitas dele a Sabará.

Esse acontecimento (a mensagem) foi suficiente para chancelar a periódica visita dos parentes da distante Sabará à residência de Chico Xavier e às concorridas reuniões no Grupo da Prece, além dos encontros inesquecíveis que reservaram para os amores de Maria Xavier. Foram momentos inesquecíveis na história de nossas vidas.

A longa estrada entre a centenária Sabará e a prestigiosa cidade de Uberaba se tornou trajeto rotineiro para a família de Maria Xavier. Papai, recém-viúvo, e seus filhos, órfãos de Maria Xavier, passamos a viajar por extensas retas e perigosas curvas para alcançar um único objetivo: tentar contato com um coração amado que partiu por um caminho que os homens pouco conhecem: a morte. Reencontrar minha mãe significava preencher um vazio profundo, para poder retomar a estrada dos desafios cotidianos.

Em Uberaba, Maria Xavier por certo iria ressurgir dos mortos, e o túmulo inviolável para os reles mortais seria aberto pela amizade entre os companheiros e irmãos Chico e Maria, e por aqueles que passariam de alguma sorte à tutela espiritual do parceiro de Tiquinha.

Todos nós conhecíamos a fundo a proximidade de Maria e Chico, evidenciada desde o nascimento em Pedro Leopoldo. E mais do que qualquer outra pessoa, Jacy Pena tinha essa certeza; fora ele também testemunha ocular da atuação de sua irmã Carmem Pena Perácio, quando recebeu a primeira mensagem espiritual para a família Xavier, em uma das mais conhecidas reuniões da história do espiritismo no Brasil.

– Sidália... Você se referiu a cartas. Pode falar sobre elas? Sabemos que Francisco Cândido Xavier durante toda sua vida correspondeu com amigos e atendeu inúmeros pedidos que superlotavam a sua caixa postal. Vocês corresponderam entre si? Qual a intensidade dessa troca de missivas?

– Meu tio Chico impressionava pelo carinho e solicitude que, a princípio, nos constrangia. Com o passar do tempo, nossas conversas foram se tornando diálogos particulares que traduziam nossas alegrias e dores. Sonhos e esperanças. Sem dúvida que as cartas de Uberaba passaram a ser orientações de alto valor espiritual para todos nós. Chico Xavier abriu seu coração e nos conquistou definitivamente pelo alto teor de sinceridade evangelizante.

Foram mais de cinco dezenas de cartas[9], que penso terem um valor extraordinário, pois elas falam de Jesus em cada expressão, ou seja, há amor, respeito, dignidade, nobreza, fé e caridade na verdadeira acepção do termo.

A primeira carta que recebemos foi um verdadeiro marco, uma vez que ela nos contou o início da nossa história. Fala do casamento de meus pais, nascimento dos filhos e a mudança para Sabará. Meu tio Chico acompanhou minha mãe, ajudando-a com meus irmãos mais novos.

O conteúdo, embora particular, sem dúvida tem muito a falar da personalidade do médium que aprendemos a amar e respeitar.

Entre um suspiro e outro, Sidália abre uma caixa contendo cartões e envelopes, que, imediatamente, constatamos serem as cartas de Francisco Cândido Xavier e outras relíquias de família.

Surpreendentemente a carta citada foi localizada e entregue para que nós pudéssemos inserir nesta deliciosa narrativa.

DE CORAÇÃO PARA CORAÇÃO
REMONTANDO A HISTÓRIA

Por Francisco Cândido Xavier
Uberaba, 27 de janeiro de 1980.

Queridos sobrinhos (...):
Deus nos abençoe!
Da carta, em anexo, estou enviando uma cópia, em xe-

---

9. Originais das cartas serão disponibilizados no acervo virtual da Fundação Espírita André Luiz.

rox, à Geralda (irmã de Chico Xavier), em Belo Horizonte, com quem troquei correspondência nestes dias últimos, sobre o assunto, cópia que estou endereçando a ela para nossa meditação em família. Abraços afetuosos do tio e amigo sempre grato. Chico

Quero agradecer a vocês dois e ao nosso estimado David o encontro reconfortante que me proporcionaram na semana passada.

Foi um grande consolo que me deram nestes dias em que perdemos a companhia de nossa sempre lembrada Tiquinha no plano físico.

Depois do regresso de vocês a Sabará, tenho meditado muito no assunto, não só em nossas preces com os benfeitores espirituais, mas igualmente comigo mesmo.

Perdemos a nossa Tiquinha e quanto a mim, reconheço que, a não ser através de alguma concessão da Providência Divina, já não disporei de muito tempo a mais na continuidade do trabalho espiritual no corpo em que ainda me sustento.

Percebendo pelo radar do coração que a luta prossegue amarga para nós todos, mas principalmente para vocês, os corações queridos de Sabará, refleti bastante e peço-lhes a todos, a vocês dois, a quem escrevo, ao Jacy e a todos os queridos sobrinhos nessa cidade, permissão para endereçar-lhes os meus pensamentos, contribuindo, de algum modo, para que a serenidade, traduzindo aceitação das leis divinas, volte a resguardar nossos sentimentos aturdidos e penosamente dilapidados.

Resolvi escrever-lhes porque a maioria dos companheiros que compuseram as cenas desta narração já não se encontram conosco na Terra.

Perdoem se me delongo nesta carta que necessita de retorno ao passado e, por isso mesmo, não dispensa algo de história familiar.

Tiquinha e eu renascemos para a existência física com apenas três anos de diferença. Ela, em 1907, eu em 1910. Entre nós, surgiu uma criança que faleceu depois de algumas horas de nascida. Em razão dessa circunstância, crescemos mais juntos. Quando em 1920 terminava ela o curso primário, estava eu no segundo ano. Logo depois da escola, como sucedeu a quase toda a nossa família, ela se empregou na fábrica de Tecidos em Pedro Leopoldo e quanto a mim, em 1921, no terceiro ano de instrução primária, tive de me ausentar da escola, empreguei-me igualmente na mesma fábrica, na qual participava das atividades de fiação na turma da noite.

A austeridade econômica na família numerosa não nos permitia a ausência de cooperação com o nosso pai e com os nossos irmãos, no sustento da vida doméstica.

Eu sempre em luta com fenômenos considerados estranhos e ela com sonhos e sensações que não conseguia definir nos harmonizávamos de todo na permuta de impressões sobre a vida e sobre a fé, em torno da alma e da religião.

Lembro-me bem de que no dia 4 de maio de 1927, ela voltou da fábrica, na parte da manhã, amparada por vários colegas, tomada de profundas alterações. Nessa época, por motivo de trazer os pulmões um tanto doentes, havia deixado a fábrica e me achava na condição de balconista de um pequeno armazém.

A luta pelo reequilíbrio da irmã subitamente enferma perdurava por três dias e noites consecutivos sem que a medicina lhe trouxesse qualquer melhora, quando o nosso amigo Perácio, casado com a nossa estimada Carmem, irmã do Jacy, veio ao nosso encontro. Falou-nos pela primeira vez em mediunidade e dialogou com as entidades que se comunicavam por ela. Dentre todas, uma se destacava pela inteligência genial. Após dois dias de tratamento, Tiquinha se revelava bem perfeitamente, muito embora um tanto enfraquecida. Nosso amigo Perácio, com generosa dedicação, se propôs a hospedá-la por algumas semanas, em sua residência de Maquiné (nas vizinhanças de Curvelo), a fim de que, junto dele e de Carmem, ela pudesse receber mais amplo auxílio em reuniões de preces.

A 4 de julho de 1927, a irmã regressou ao lar com grande alegria para nós.

Começara a familiarizar-se com a mediunidade. Juquinha Perácio e Carmem vieram a Pedro Leopoldo trazê-la e nós, um grupo de familiares e amigos, já nos encontrávamos de equipe formada para reuniões de preces e estudos, duas vezes por semana. Foi na reunião da noite de 8 de julho referido que, em companhia de Perácio, Carmem, Tiquinha e outros familiares que, após haver recebido um comunicado de Carmem, em voz alta, comunicado que ela recebera através da clariaudiência, pude receber a primeira mensagem psicografada por minha vez.

Começou para nós em família um período de grandes alegrias e inexprimíveis esperanças. Entretanto, ora através de Carmem e, de outras vezes, por intermédio de Tiquinha, a nossa mãe, desencarnada em 1915, Maria João de Deus, participava a nós ambos, Tiquinha e eu, que teríamos grandes lutas nas tarefas que nos aguardavam e que estávamos alistados, à feição de **combatentes pacíficos**[10], na "luta do bem contra o mal e da luz contra as trevas".

Líamos e ouvíamos os comunicados de alma tranquila, sempre apoiados na fé em Deus. Não tínhamos experiência para avaliar o que fosse "luta do bem contra o mal e da luz contra as trevas" que, na essência, hoje compreendo como sendo a síntese do esquema do cristianismo, desde Jesus na infância iluminada de Nazaré até a crucificação em Jerusalém.

A vida prosseguia no ano de 1927.

Tiquinha não mais voltou à fábrica de tecidos, entretanto, a organização familiar não nos dispensava o trabalho. Continuei nas atividades de balconista, e ela se empregou, na posição de auxiliar de costura da Sra. D. Madalena Diniz Viana, em Pedro Leopoldo, junto de quem se especializou na parte de costuras do então chamado ponto a jour. Nossas reuniões prosseguiam e, no ano de 1929, a bondade de Deus uniu-a com o nosso caro Jacy, em casamento. Lembro-me da felicidade com que os dois receberam o nascimento de Paulo, entretanto, as lutas começaram au-

---

10. Combatentes pacíficos – título deste episódio – foi uma expressão utilizada por Chico Xavier em carta para Sidália Xavier.

mentando de extensão. Nosso prezado Jacy, que trabalhava no comércio, de elevada distinção, numa loja em Pedro Leopoldo, viu-se repentinamente desempregado, não obstante a grande estima que desfrutava, por parte do chefe. O estabelecimento, no entanto, entrara em transformações, e o nosso querido companheiro não poderia ser aproveitado nos reajustes havidos em organização do serviço. Ele e Tiquinha sofreram em silêncio o peso da nova situação, mas o nosso caro Jacy nunca foi pessoa de se amedrontar com os problemas da vida e aceitou o convite para colaborar numa organização de artefatos de milho, ainda em Pedro Leopoldo. Via-se-lhe, porém, o sacrifício de pai de família e homem de bem. O serviço era demasiadamente pesado, e Tiquinha passou a preocupar-se com a saúde do esposo. Amauri já havia nascido, e o casal se preparava para receber o nosso caro Pichico.

Considerando as excessivas exigências do trabalho em que se achava, Jacy aceitou o convite para administrar uma chácara em Sabará, de propriedade do Coronel José Vargas (se não me engano), e para essa cidade se transferiu. Seguiu a sós para Sabará, deixando a esposa em nossa companhia, em Pedro Leopoldo, até que organizasse ambiente adequado para instalar a família. Algumas semanas se passaram. Ele vinha periodicamente rever-nos, visivelmente satisfeito por haver encontrado trabalho que lhe favorecera a saúde. Tiquinha, porém, não desejava dar a luz à terceira criança, que veio a ser o Pichico, longe do esposo, e, depois de combinação com ele, fui eu quem tive a satisfação de acompanhá-la junto aos dois filhinhos pequenos, de Pedro Leopoldo a Sabará. Ela já se encontrava quase no nono mês da gestação, mas seguiu animada e otimista. A viagem, naquele tempo, era obrigatória por via férrea. Seguimos em risonha conversação, com demorada pausa em General Carneiro para a devida baldeação. Paulo já caminhava, lépido, mas Amauri era quase de colo. Porque Tiquinha estivesse numa gravidez muito adiantada, procurava, de minha parte, poupar-lhe qualquer esforço físico. Amauri já andava, no entanto, a viagem era cansativa e, de quando a quando, precisava de colo para o descanso. Carregava-o, de espaço a espaço, fosse no comboio em movimento para distraí-lo ou na estação de General Carneiro, onde nos delongamos por bastante tempo.

Na intimidade das crianças, recordo-me de que disse a ela:

– Tiquinha, seus filhos são realmente lindos. Paulo e Amauri possuem olhos iluminados, de grande inteligência.

Ela observou, muito feliz:

– Chico, eu acho meus filhos tão bonitos que reconheço haver encontrado junto de Jacy e junto deles o meu próprio céu... E penso que eles terão vindo a este mundo, por Jacy e por mim, a fim de serem obreiros dedicados da doutrina espírita com Jesus.

A conversação seguia tranquila, até que chegamos a Sabará, onde Jacy nos aguardava na estação.

Fiquei muito contente ao ver o ambiente da chácara, mas não me demorei. O trabalho me esperava em Pedro Leopoldo. Em breve tempo, o telégrafo nos dava a notícia do nascimento do nosso caro Pichico. E a vida prosseguiu...

Com novas relações, nosso estimado Jacy passou a trabalhar na Companhia Siderúrgica, e o casal se enriqueceu de novos filhos, sempre inteligentes e queridos.

De quando a quando, nas ocasiões dentro das quais a vida me permitisse alguma ida a Sabará, ia até aí, em companhia de irmãs para ver Tiquinha, Jacy e os filhos. A minha situação tornava-se sempre mais difícil. Desencarnaram os nossos irmãos José, em 1939, e Raimundo, em 1942, e os nossos deveres domésticos ficaram ampliados.

Dentre os filhos, todos muito jovens e crianças, destacou-se Amauri, na mediunidade. Achava-se então de vida e tempo divididos entre serviço profissional e o trabalho mediúnico. Dialogando com Tiquinha, ponderei que seria importante o desenvolvimento mediúnico de Amauri, sem qualquer influência de minha parte, a fim de que a tarefa dele se manifestasse com plena originalidade. Ela concordou, satisfeita. Sabíamos ambos que cada instrumento possui características próprias.

Através da imprensa, passei a admirar em Amauri um gênio, a serviço de Jesus, na doutrina do bem e da imortalidade. As páginas dele, fossem elas as psicografadas, ou as lindamente inspiradas no livro que ele nos deixou, sempre me impressionaram pela beleza e pelo conteúdo espiritual.

Sem que eu pudesse encontrar uma explicação para mim mesmo, vieram os acontecimentos de 1958. O querido sobrinho, certamente influenciado por opiniões de companheiros desinformados quanto à grandeza dos princípios espíritas cristãos, declarava, de público, que não aceitava a existência da mediunidade, criando-se um conflito de grandes dimensões, cuja extensão nos alcançava em Pedro Leopoldo, em vista do sensacionalismo na imprensa.

O incêndio das opiniões e contradições, então havido, está em nossa memória.

Nunca deixei de estimar Amauri e respeitá-lo, mas porque grande setor da imprensa mostrasse interesse em agitar a nossa família e o meio espírita cristão, procurando envolver o querido sobrinho e a mim, num conflito que não tinha sentido e nem razão de ser, transferi-me para Uberaba, onde existem setores do Ministério da Agricultura, nos quais podia trabalhar nos dois anos que me restavam para a aposentadoria que obtive por serviço integral em 1961, tendo vindo para Uberaba, em 5 de janeiro de 1959.

Eu, que viera para permanecer nesta cidade por dois a quatro anos, me adaptei a ela e aqui estou há vinte e um. Compreendo quanto sofreram Jacy e Tiquinha os acontecimentos de 1958, que não desejamos relembrar, mesmo porque a desencarnação de Amauri, em 1961, nos doeu a todos.

Tendo permanecido em mim o propósito de evitar quaisquer lembranças amargas em Jacy e Tiquinha, não mais voltei a Sabará, embora conservando sempre o intuito de aí aparecer para um abraço a qualquer momento.

Surge, porém, o doloroso impacto de 1º de janeiro corrente, pelo qual desencarnou a nossa estimada Tiquinha, no dia 4 último. Creiam os meus familiares de Sabará que as minhas lágrimas não foram diferentes ou menores que as derramadas aí pelos nossos entes amados que a viram partir.

Desejo, no entanto, dizer-lhes que a figura da irmã recentemente desencarnada nada perdeu em grandeza e respeito, no meu coração. Compreendo que ela terá vivido numa luta íntima, incessante e profunda. À medida que os filhos se colocaram em situações dignas e respeitáveis, entendo que ela, na intimidade do amor maternal, passou a lembrar-se com mais profundidade do querido filho, menos feliz, desencarnado em 1961. Sem dúvida, que ela trabalhava com a obstinação de uma heroína na prática do bem ao próximo. Isso, no entanto, não lhe impedia a saudade do filho inesquecível. Nos tempos últimos, quanto mais essa saudade se ampliava, mais se aproximou nossa Tiquinha dos grupos infelizes de irmãos desencarnados, adversários ferrenhos das verdades e das bênçãos de Jesus, que induziram nosso caro Amauri às atitudes que conhecemos. Não sei se vocês, os meus queridos familiares de Sabará, conseguirão pensar na pressão que ela terá sofrido para fazer o mesmo, isto é, enfraquecer-se mentalmente, render-se ao assédio de irmãos infelizes, desorientar-se e sair, de público, negando as bênçãos que Jesus nos concedeu. As irmãs Fox, médiuns pioneiras do movimento espírita nos Estados Unidos, em 1848, apesar das grandes demonstrações mediúnicas que produziram no século passado, entraram nas faixas tenebrosas e negaram a doutrina que elas próprias haviam auxiliado a nascer.

Já terão pensado em nossa estimada Tiquinha, lentamente atacada pelos infelizes companheiros das trevas, convidada a negar Jesus e a imortalidade da alma, num processo vagaroso e tenaz de influenciação, de que não conseguiu se desvencilhar ante as saudades do filho que ela, na condição de mãe, considerava profundamente infeliz? Abatida e doente, exausta mesmo, creio que ela, conforme as definições de nossa mãe, em 1927, entrou no sacrifício da desencarnação, com a firmeza de quem preferia isso a se aviltar no menosprezo ao seu próprio trabalho e à sua própria fé, aceitando com nobreza a situação de "**combatente pacífica** na luta do bem contra o mal e da luz contra as trevas", e preferindo permanecer com a fidelidade a Jesus e a sua própria consciência, sem admitir desprezo ou a negação de si mesma perante o tumultuado mundo materialista de nossos dias.

Não desejo, na condição de parente, imprimir santidade ao seu gesto final em se rendendo à desencarnação, pela hipnose das inteligências infelizes que, decerto, lhe impuseram isso à resistência. Conhecendo-a, porém, desde a infância, sei que ela trabalhou e lutou valorosamente até o término da tarefa atual, sem se deixar abater pelas influências dos adversários do bem e da luz.

Admitir que ela teria fraquejado porque a doutrina de amor e paz por ela professada não a resguardasse contra o mal, seria cometer a injustiça de considerar um obreiro do bem, consagrado ao trabalho por mais de meio século, sem intervalo e sem pausa, largado ao poder do mal sem qualquer proteção por parte daqueles que o assistem e chefiam. Ao contrário disso percebo, no obreiro desse tempo de serviço e dessa altura de perseverança, uma ilimitada capacidade de resistência aos empreiteiros da perturbação e da crueldade, sempre inclinados à destruição daqueles que asseguram as boas obras.

Escrevo aos prezados sobrinhos e parentes esta carta sem a menor pretensão de alterar-lhes esse ou aquele ponto de vista, mas na condição de irmão que conviveu com a nossa estimada Tiquinha, nos primeiros tempos da vida e na formação dos alicerces dos nossos ideais, a fim de afirmar-lhes que o nosso caro Jacy teve nela a esposa digna; que os filhos queridos nela receberam a presença maternal com devotamento sem limites e que nós, os seus irmãos, sejam ou não da consanguinidade, nela encontramos o exemplo de trabalho e de fé viva em Deus, com a demonstração de uma coragem imbatível contra as insinuações à desordem ou à delinquência.

A perda de um soldado mesmo com quase cinquenta e três anos de serviço e lealdade ininterruptos ou a perda de uma longa batalha não significam derrota numa guerra. "A luta do bem contra o mal e da luz contra as trevas" continua para diante. Pequenino e modesto soldado, nas fileiras dessa guerra espiritual, até a vitória final do bem com Jesus, continuo com o mesmo ardor de fé em Deus e certeza na imortalidade da alma, no lugar de serviço que os mensageiros da luz divina me confiaram por acréscimo de misericórdia para com o meu espírito imperfeito. Se for desígnio do mais alto que eu venha a me sentir absolutamente sem forças para servir na causa em que fui engajado e se me reconhecer rodeado pelos salteadores das trevas sempre interessados na destruição dos valores de Cristo, que fomos chamados a cultivar, rogo a Deus me conceda meios de sair-lhes da perseguição e do encalço, assim como concedeu forças a nossa estimada Tiquinha para resistir-lhes à crueldade até o sacrifício, partindo do plano físico na direção do mais além, talvez incompreendida, mas não desmoralizada.

Perdoem-me os queridos sobrinhos Pichico e Eunice, tanto quanto os demais sobrinhos parentes queridos em Sabará, se me alonguei tanto no assunto. Aqui nestes apontamentos vibra unicamente o coração de um irmão e companheiro agradecido que deseja fazer justiça à irmã valorosa e venerável que, com a bênção de Jesus, continuará a nos auxiliar, ensinando-nos a confiar e servir, embora transferida para a vida maior.

Grande abraço do irmão e tio sempre reconhecido.

Chico Xavier

APÓS LEITURA, EM meio ao lanche saboroso, voltamos ao diálogo.

– Sidália, você nos apresenta uma carta maravilhosa. Podemos considerá-la como uma carta de coração para coração. Impressiona o carinho de Francisco Cândido Xavier para com os sobrinhos, através de rica e detalhada narrativa.

– Sim, meu amigo. Essa carta, como as demais, são

missivas belíssimas que expõem sentimentos de um irmão, que perdera um coração muito amado; no entanto, apesar da tristeza, consola os sobrinhos órfãos em aflição, com extraordinária sensibilidade traduzida em palavras poéticas em profusão de amor e fé.

Ressalto Chico Xavier honrando a memória de Maria Xavier, o que nos deixou seguros na luta que ela empreendeu pela própria redenção, tendo no evangelho de Jesus Cristo a fonte inesgotável para a vida eterna.

Sem dúvida uma lição que foi assimilada e sustentou nossa família durante decênios de lutas bastante ásperas.

ENCERRAMOS COM A promessa de retornar o quanto antes, para novas lições espirituais.

V – Baú de lembranças

Na semana seguinte, retornamos para dar prosseguimento à entrevista com Sidália. Escrever novo futuro, eis o desafio.

Abraços efusivos pelo reencontro, iniciamos novo diálogo, na esperança de sermos felicitados com o baú das lembranças.

– Sidália, querida irmã, gostaríamos de lhe propor contar a história de Maria Xavier e família, com suas próprias palavras, uma vez que, em nosso encontro anterior, a carta de Francisco Cândido Xavier fez um belo introito para o que você poderá nos oferecer.

– Meu irmão, não tenho dom da palavra e muito menos da literatura; no entanto, tentarei com ajuda de Deus e dos bons espíritos.

Mil novecentos e sete. O século 20 dava seus primeiros passos, e os espíritos que chegavam à Terra nessa época, pelas vias da reencarnação, iriam conviver com modificações profundas em todas as áreas.

A tecnologia, a medicina, o transporte, as comunicações sofreriam transformações impressionantes.

E foi neste quadro de preparação para significativas alterações na vida social do planeta que reencarna na tranquila Pedro Leopoldo, em 18 de abril daquele ano, numa família simples, Maria da Conceição Xavier, que receberia depois o carinhoso apelido de Tiquinha.

Filha de João Cândido Xavier e Maria de São João de Deus, era a sexta de uma família de nove filhos.

A infância não foi diferente do padrão tranquilo daqueles tempos. Apesar da escassez de meios materiais, havia o essencial: o amor dos pais, a comunhão da prole numerosa, a religiosidade materna a reger a sinfonia familiar entre preces e conselhos, exemplos e trabalho.

Em suas narrativas espontâneas, minha mãe sempre deixava transparecer uma meninice alegre, com a escola de permeio, colegas de brincadeiras, convivência com a vizinhança e a mãe tomando a "tabuada" e os "pontos" da escola.

Referia-se ainda à música, que sempre fez parte do clã Xavier, narrando os encontros musicais da irmã mais velha, Maria Cândida, que era conhecida como Bita, que tocava bandolim, com as amigas que traziam outros instrumentos e semanalmente reuniam-se na casa da família para promover momentos de alegre cantoria.

Isto marcou tão intensamente sua alma infantil que um dos maiores prazeres de toda sua vida era tocar violão e cantar modinhas.

Das memórias da infância, entre as horas felizes, ficou a lembrança da dor maior: a perda da mãe em 29 de setembro de 1915.

Enquanto não eram entregues às madrinhas ou parentes para serem cuidados, os filhos de Maria João de Deus ficaram sob os cuidados de Carmozina, então com onze anos de idade, que passou a fazer o papel de mãe, já que as mais velhas já eram casadas.

A mais velha de todas, Bita, assumiu o cuidado com dois irmãos, Francisco (Chico) e Lourdes, que foram entregues a ela pelo pai, João Cândido.

Minha mãe, durante toda sua vida, recordava-se do carinho e zelo da irmã Carmozina, com emoção e reconhecimento.

CASAMENTO DOS PAIS

– Sidália... Conte sobre o casamento de seus pais.

– Há um manuscrito, que também vou lhe repassar, conciso e delicado, ao qual minha mãe denominou Recuerdo (onde teria ela buscado este termo, em pleno 1929, dentro apenas da alfabetização do curso primário?). Ela fala dos seus sentimentos ao preparar-se para o casamento com aquele que seria o seu esposo dedicado e amigo por 51 anos.

Pelo carinho que sentimos transbordar das palavras, nota-se que o espaço de tempo transcorrido entre a desencarnação da mãe em 1915 e o casamento com Jacy, em 1929, deixou lembranças felizes, apesar de ter vivenciado muitos momentos difíceis, como a obsessão em 1927.

Com o consórcio matrimonial em 15 de abril de 1929, três dias antes de completar 22 anos, inicia-se a segunda fase da vida de Maria Xavier, fase que iria conter dentro dela inúmeras outras que continuariam a trazer ao seu espírito episódios reeducativos, por vezes amargos e dolorosos, nos ajustes que todos nós somos chamados a aceitar.

Trariam também, no entanto, as alegrias familiares, a mudança de cidade, um novo círculo de amigos, as expectativas de trabalho e crescimento no abençoado currículo da doutrina espírita.

Embora os dois primeiros filhos, Paulo e Amauri, nascessem com o casal morando ainda em Pedro Leopoldo, meu pai perde o emprego, o que o obriga a buscar novas oportunidades fora dessa cidade. Auxiliado pelo cunhado José Hermínio Perácio, o mesmo que socorrera minha mãe no período da obsessão, consegue um emprego em Sabará, para tomar conta de uma chácara de laranjas.

Muda-se com a pequena família, sendo que o terceiro filho, que seria Francisco, já estava a caminho.

Maria Xavier, buscando o aconchego do meio familiar e em vista da ausência de pessoas conhecidas no lugar, volta por algumas vezes a Pedro Leopoldo levando Paulo e Amauri, e desejando receber o terceiro filho na terra natal. Mas, acompanhada do irmão, Chico, retorna a Sabará em 3 de julho de 1934. E meu irmão nascendo daí a três dias...

O tempo, porém, o nosso grande e paciente educador, os cuidados com a família e o acolhimento dos vizinhos que os cercavam, foram aplacando as angústias do casal e criando um ambiente favorável à permanência da família na cidade.

OS DESÍGNIOS DO ALTO

Os desígnios do alto tomavam forma.

Meu irmão mais velho, Paulo, primeiro filho e com toda a certeza companheiro antigo da jornada evolutiva dos espíritos que lhe serviam de pais, narra com simplicidade as memórias da chegada a Sabará, embora, à época, contasse apenas uns 3 anos de idade.

"No meu subconsciente, como se fora um filme ou vaga lembrança, está registrado o desembarque da família Xavier Pena na velha estação ferroviária de General Carneiro. O comboio era procedente de Pedro Leopoldo.

"Aquela plataforma recebeu os primeiros passos daquele compromissado grupo que seguia em direção a Sabará, a terra de Borba Gato.

"Ficaram para trás as serenatas, a convivência confortadora com a família e a fábrica de tecidos, de onde se tirava o modesto sustento.

"O grupo compunha-se de minha mãe, meu pai, eu, Amauri e Chico, que nos fazia companhia.

"Essa transferência de cidade deu-se mais ou menos no final do ano de 1934, conforme Chico nos contou na carta anteriormente comentada.

"Nossos pais não traziam na bagagem 'nem ouro

nem prata', mas a certeza 'inconsciente' da colheita que viria após a sementeira regada com suor e lágrimas na edificação do espiritismo cristão em Sabará.

"Todavia, não ficaram para trás a voz de minha mãe, seu violão, cujo toque se fazia nas ruas de Pedro Leopoldo, quando, acompanhada do pai, de Chico e outros irmãos e amigos, cantava e tocava nas madrugadas geladas daquela cidade.

"Com a influência de Chico, de Juquinha Perácio ([11]), que já acompanhava o desenvolvimento mediúnico de minha mãe desde o episódio da obsessão em Pedro Leopoldo, e de outros amigos a quem eles nos recomendaram, fomos instalados em uma área denominada Chácara dos Caldeiras, onde meu pai, Jacy, se encarregaria do cultivo de uma plantação de laranjas Baía e despacho das frutas para os compradores. A referida chácara situava-se em um espaço entre as atuais ruas Coronel Jacynto e Marieta Machado e a Praça João Antero Lopes. O Rio Sabará corria ao fundo, e a Rua Dr. Mário Sepúlveda não existia à época.

"Esta mudança trouxe ao casal grandes lutas: a renda insuficiente para a manutenção da família, influência dos obsessores na mediunidade iniciante de minha mãe... Tudo indicava uma caminhada árdua e bendita.

"O socorro espiritual, porém, apesar de desconhecido, sempre amenizou a vida familiar nos compromissos de cada dia.

"Recordo-me que meu pai acomodava as laranjas, conduzindo-as em um carrinho de mão em direção às embalagens para o transporte. Eu e Amauri, uma vez ou outra, aproveitávamos a 'viagem' de volta do carrinho vazio.

"O fundo da chácara era cercado por um muro na divisa com o Rio Sabará, com a saída por um portão de madeira, onde nossa mãe passava para lavar a roupa da família, bacia na cabeça e segurando a mão de Amauri. Eu já era mais ou menos independente."

---

11. Juquinha Perácio – José Hermínio Perácio

Essa narrativa respeita as colocações de meu irmão mais velho, Paulo Pedro Xavier Pena.

Nesse instante, interrompidos por adversa circunstância, pedimos vênia para marcarmos outro encontro. A produção tinha sido farta, e por certo não gostaríamos de cansar a nossa narradora.

Quando preparávamos o material, em forma de texto, ocorreu-nos de inserir uma das cartas, "De coração para coração", do rico acervo a nós confiado, com objetivo de ilustrar esta biografia com as palavras de Francisco Cândido Xavier.

De coração para coração – Fé viva

Uberaba, 19 de fevereiro de 1980.

Querida Sidália. Deus nos abençoe.

Tenho comigo a sua carta de 14 último. Agradeço, reconhecidamente, o carinho com que você me distinguia, estampando o seu coração nas palavras. Compreendo o seu sofrimento que é tão nosso. Reconforta-me observar que as suas lágrimas de filha estão iluminadas pela fé viva em Deus e que, nessa confiança, você encontra forças para continuar atenta aos nossos compromissos.

Existem pesares para os quais as expressões humanas ficam muito aquém da amplitude com que nos honram o espírito e, por isso mesmo, se imobilizam dentro de nós, como que arquivadas no íntimo, sem possibilidades para a manifestação real através de frases que possamos dizer.

Para nós, a ausência de quem foi inesquecível mãe para você e inolvidável irmã para mim é uma dessas dores pessoais e intransferíveis.

A vida, aos poucos, me ensinou que, de todos os entes amados, a lei de Deus nos permite receber apenas uma parcela maior ou menor nas alegrias da convivência. Da parcela de tempo que a lei divina me permitia receber da presença de nossa querida ausente, do ponto de vista do intercâmbio mais íntimo, guardo as mais belas recordações.

Durante os dias, somados em alguns anos, em que a bondade do Céu me concedeu a felicidade a que me refiro, nela sempre encontrei a irmã dedicada e otimista, companheira do lar e benfeitora infatigável. As tarefas e lutas a que fomos ambos chamados, em setores diferentes, não podiam apagar em meu coração, o amor fraterno em que a vida nos unira. Em vista disso, você compreenderá que me seria impossível esquecer a dívida de carinho e reconhecimento de que ela é credora em minha vida e, por este motivo, realmente apenas com o nosso caro Jacy e com os filhos queridos que ela nos deixou, poderia, de minha parte, mostrar a extensão de meu pesar, ao vê-la partir, antecedendo-nos na Grande Mudança.

Agradeço, assim, tudo o que você me escreveu, retratando os seus sentimentos filiais. A sua carta não é um desabafo, qual você me fala. É uma prece de saudade e de amor, de ternura e gratidão de que também compartilho, com o seu consentimento. Reconforta-me saber, por suas notícias, que todos os filhos prosseguem na estrada de luz e trabalho, fé em Deus e confiança no bem que ela sempre trilhou com abnegação e coragem. Ela merece essa homenagem justa e bela da família que, com a bênção de Deus, ela soube constituir. Deus abençoe a vocês todos, filhos reconhecidos e amados, que a nossa querida ausente sempre guardou no coração por estrelas da Providência Divina, filhos queridos aos quais ela entregou a alma e a vida, conquanto sempre amasse e amparasse, tanto quanto possível, aos filhos de outras mães.

Muito obrigado por sua carta que tanto me reconfortou nestes dias de dor que são nossos.

Muito me consola saber que a nossa estimada Geralda (irmã de Chico) tem estado sempre em comunhão com você, sustentando-lhe as forças.

Jesus nos auxilie a ver você animada e valorosa, como sempre, pois creio firmemente que as suas palavras de fé e amor, tanto quanto as de seus irmãos queridos, são ouvi-das por ela, na vida maior a que foi conduzida.

Deus a todos nos fortifique e abençoe, a fim de que, cada um de nós, no lugar de serviço em que os desígnios do mais alto nos situaram, possa honrar-lhe a memória com o desempenho dos nossos deveres, mesmo com o es-pírito da ausência a ferir-nos os corações.

A sua notícia de que vocês virão até aqui, em março próximo, muito me alenta. Em vista do tratamento rigoro-so em que me vejo, peço a vocês considerarem a possibi-lidade da chegada de vocês, numa destas quintas-feiras, 6 ou 20 de março próximo, pois a quinta-feira é data em que não tenho comparecimento a reuniões do nosso grupo e assim teremos a tarde e a noite de quinta para sexta, a fim de conversarmos. Peço-lhes perdão se sugiro essas datas. É só porque tratamentos dolorosos me obrigam a viajar ou a recolher-me para injeções que só no leito a gente consegue suportar. Sei que me desculpam e isso me tranquiliza.

Com um abraço ao Cornélio (esposo de Sidália), exten-sivo a todos os nossos, peço a você aceitar outro abraço do tio reconhecido.

Chico

P.S.   Querida Sidália, a união de todos os filhos queridos, em torno do nosso caro Jacy (viúvo de Maria Xavier), é uma bênção de Deus. Chico

LEMBRANÇAS DE MARIA XAVIER

COMO É BOM viajar para a Pedro Leopoldo do início do século 20, através da locomotiva que são as lembranças de Maria Xavier!

A objetividade e a simplicidade das palavras são como um bilhete que é carimbado na proporção que nos sentimos como criança, dentro da ambiência familiar, enfeitada com as flores da fraternidade cristã.

Durante a viagem, ideias surgem na velocidade dos trens da atualidade, mas para surpresa o trem faz uma parada, em nova estação.

Lemos a placa "Estação Chico Xavier".

Nessa parada vemos viajores aportando em busca de atendimento, e o filho de Maria João de Deus, solícito atende aos necessitados que chegavam de tantos lugares. Eram viajores de terras distantes, ansiosos por atendimento do funcionário da estação cândida. O nome deles: Filhos do Calvário de Jesus.

Ansiosos em seus percursos, todas as vezes que se aportaram ali, encontraram a estação solidária em atividade. Não tinha tempo ruim ou interrupção justificada.

Serviço eficiente, consolo e esclarecimento para todos. Nunca se soube de privilégios; por isso o volume de bilhetes expedidos aumentou ao longo do tempo de funcionamento.

A "Estação Chico Xavier" era apenas transitória na viagem dos que passaram por ali, mas sua localização foi fundamental por ter estado posicionada entre a Terra e o Céu.

Ao realizar o que se propôs, entregando novos bilhetes para a estação principal, chamada "Estação Amor e Paz", cumpriu a missão de relembrar os exemplos de Maria João de Deus, que acolheu e orientou as almas sofridas que confiaram e se entregaram ao seu amor maternal.

VI – MÃOS AMIGAS

Após um período relativamente expressivo, voltamos para nossos diálogos e recordações com a alegria e a esperança que motivam o nobre projeto.

Na mesa, como sempre, pão de queijo, broa de fubá, biscoitos à vontade e um saboroso café com leite.

– Sidália! A combinação café com açúcar nos trouxe à memória o amigo Arnaldo Rocha. Ele era apaixonado pelo café com bastante açúcar. Quando saboreávamos o cafezinho, sempre repetia: "Não sei como você consegue beber sem o açúcar".

Arnaldo faz muita falta! Graças à nossa amizade, aprendemos um pouco, e hoje estamos aqui dando continuidade, dialogando com a história.

CASAL JACY E MARIA XAVIER, EM SABARÁ

– Sidália... Pedimos retorne ao casal Jacy e Maria Xavier, nos primeiros tempos em Sabará.

– Será um prazer meu amigo falar sobre meus pais. À medida que a vida do casal Jacy/Maria firmava-se em Sabará ampliando os laços de amizade, ampliavam-se na mesma proporção as dificuldades de manutenção da família.

Os parentes de minha mãe não abandonaram o casal. Maria Isabel de Paula, cabeleireira durante muitos anos em Sabará e vizinha da família, narra que, à época em que esta mudança se deu, embora criança de seus 6, 7 anos, lembra-se da visita de familiares de minha mãe, porque, nessas ocasiões, ela ficava muito alegre, cantava e tocava violão. Maria Isabel lembra-se mais das visitas de Geralda, nossa tia, pois, quando vinha à cidade, passava dias na casa da irmã.

Relata-nos ainda Isabel, que, da própria casa, observava a casa da vizinha e bastava perceber algum movimento diferente para correr para lá, adivinhando que teria música e os bolinhos que minha mãe fazia para agradar as visitas.

Das recordações carinhosas, aquela amiga lembra-se também de que Maria Xavier a recebia sempre com muita delicadeza, independentemente de visitas, levando-a para chupar laranjas, cujos pés, conta ela, eram baixinhos, carregados da fruta, e que minha mãe descascava cuidadosamente, retirando a fruta e deixando a casca presa como se a laranja ainda ali estivesse. Era bem um gesto de Maria Xavier, enfeitando a vida, talvez porque seu coração pressentisse os ásperos caminhos por onde teria de passar.

Dos irmãos de meu pai, quem mais conviveu conosco foi Elisa, a irmã mais velha, embora minha mãe se relacionasse bem com todos. Eram simples e bons.

O tempo seguia, implacável, mostrando sua face sempre mais exigente: escola para as crianças, recursos para manutenção, moradia, saúde...

Provavelmente, meu pai tenha perdido o emprego na chácara por volta de 1935, pois a família mudou-se para uma casa, em péssimas condições, no final da Rua Comendador Viana.

Meu pai de novo desempregado. A mediunidade de minha mãe dando sinais de alerta com o assédio constante dos companheiros do passado inconformados com os projetos de renovação que animavam a alma do casal. Filhos pequenos... Necessidade de toda sorte e falta de efetiva assistência espiritual. E em 1936, outro filho, o quarto, a caminho.

Foi a essa época e nessas circunstâncias que surgem dois anjos de guarda: Joel e Adília Franco, que representaram uma bênção dos Céus em um mágico reencontro espiritual.

Não temos detalhes de como este reencontro – certamente combinado na espiritualidade – se deu. Porém, tudo indica que o fio de ligação foi a doutrina espírita, que já era professada pelo casal Joel-Adília junto a significativo número de companheiros sabarenses.

Certo é que parte do teto da casa, que meus pais haviam alugado, desabou, e a família foi levada por Joel e Adília para residir com eles numa casa ampla no início da Rua São Francisco. Nesse período, minha mãe estava grávida, e, junto de meu pai, foram acolhidos Paulo, Amauri e Francisco, respectivamente, com 6, 5 e 2 anos de idade. Acolhidos muito mais pelo coração dos benfeitores do que propriamente pelo seu teto. Este fato deu-se possivelmente no segundo semestre do ano em curso, 1936, pois a criança, que minha mãe esperava, nasce na casa dos Franco em 9 de novembro.

A família começa, ou melhor, continua na programação traçada no plano espiritual, pois, desde o reencontro entre meus pais e este casal, teria curso um fecundo caminho de realizações espirituais na cidade fundada por Borba Gato, que, nesta presente história, teria um papel relevante, permeado de duros esforços, sacrifícios e renúncias, para a reabilitação de centenas de almas que buscavam novos rumos.

Esta amizade genuinamente espiritual estreitou-se ainda mais após o nascimento do quarto filho de Maria Xavier, Cláudio, que se apegou aos carinhos de Adília e Joel.

Minha mãe, já com três filhos. O menor, Francisco, por ocasião do nascimento de Cláudio, contava apenas 2 anos e quatro meses.

A esta altura, Joel havia conseguido emprego para meu pai na Belgo Mineira, onde ele passou a trabalhar doze horas por dia, seis dias por semana e, às vezes, até no domingo, em serviço pesado e humilde, mas que garantia a manutenção da família.

Adília e Joel Franco. Ao centro, Cláudio (irmão de Sidália), que foi criado pelo casal

Dentro do lar de Joel e Adília, o novo teto de meus pais e meus irmãos, minha mãe integrou-se com naturalidade ao grupo, que já estudava e praticava a doutrina espírita.

Com assistência e diretriz adequadas, desabrocharam as mediunidades de clarividência e psicofonia, passando a ver e ouvir os espíritos, tornando-se assim instrumento para atendimento aos irmãos em sofrimento no plano espiritual.

Estudando a doutrina espírita com regularidade e afinco, o grupo abre suas portas para o povo sabarense, que passa a engrossar as fileiras do consolador prometido.

Dentre vários espíritos que passaram a se comunicar, destacou-se Paulo Franco, que havia sido pai de Joel Franco.

Pela mediunidade de minha mãe, através da psicofonia, Paulo Franco orienta, conforta, dirige, aponta rumos.

O tempo avança. Em meados de 1938, minha mãe engravida pela quinta vez. Em fevereiro de 1939 nasce Ismael Pena, que vem ao mundo frágil e enfermo, para tristeza dos pais. Esta criança ficaria pouco tempo com a família, pois desencarna com 1 ano e 8 meses, em outubro de 1940.

Quando Ismael desencarnou, já havia nascido David, que estava com 4 meses, o sexto filho de minha mãe.

As gravidezes sucessivas, a perda do filho, a criação da família, a preocupação com o futuro, as dificuldades, apesar do amparo do casal Franco, minha mãe passava um momento delicado na saúde física e espiritual.

Porém, aquele ano de 1940 seria memorável para todos. Joel Franco, intuído pela espiritualidade superior, já cogitava de local próprio para o estabelecimento formal de um centro espírita.

E, no mesmo mês de outubro, só com alguns dias de diferença, começava a funcionar em sua sede própria a Agremiação Espírita Casa do Caminho, num casarão colonial que fora clube carnavalesco, denominado Crisântemo, adquirido e doado por Joel e Adília Franco para esta finalidade.

A inauguração da sede própria deu-se em 3 de outubro, e Ismael, meu irmão, desencarnou em 20 de outubro. Apenas 17 dias separando datas de intensidade sentimental tão diferentes.

Mas a sucessão vertiginosa dos fatos não para aí. A Belgo Mineira transfere Joel para Santa Bárbara, cidade próxima a Sabará, e o casal Franco muda-se para aquela cidade, deixando meus pais e os cinco filhos residindo na casa grande da Rua São Francisco.

Minha mãe combalida e fragilizada pela perda do filhinho, e meu pai, trabalhando com a humildade que sempre o caracterizou, conduziam a família com simplicidade e paciência. Mais uma vez os vizinhos se apresentaram como verdadeiros cireneus para todos nós. Maria Xavier nunca os esqueceu e nem eles a esqueceram. Foi um período muito rico para todos.

O quadro familiar, porém, mudaria novamente. Cláudio, aos 4 anos, começou a revelar intensa dificuldade emocional pela ausência do casal Franco, pois nascera entre eles, e os laços haviam ficado muito fortes. Para aliviar o peso excessivo sobre minha mãe, que se encontrava esgotada, embora resistindo bastante, meus pais foram obrigados a levar a criança para a cidade de Santa Bárbara, para os braços amorosos do casal Franco, que recebeu a dádiva como quem já sabia que seria assim.

E, naquele dia, foi selado entre aqueles quatro corações o acordo espiritual que perduraria a vida inteira enquanto viveram na carne: Joel e Adília, Maria e Jacy. Cláudio passou a ter duas mães e dois pais.

Carlos Alberto, meu coração bate intensamente, diante dessa passagem!

Espiritismo em Sabará

— Realmente, minha cara amiga Sidália! São passagens marcantes. Mas sem perder o fôlego, fale sobre o espiritismo em Sabará.

– Bem lembrado, amigo. O ideal espírita toma corpo sob o amparo e diretriz da espiritualidade maior. A plantinha tenra mostra seu vigor, e as reuniões iniciadas com as presenças de Joel e Adília prosseguem sem desânimo, agora já na sede própria.

O grupo, antes mais restrito, por funcionar dentro de uma casa de família, agora se expande, e pessoas da comunidade têm acesso às reuniões.

Mas, a bem da verdade, a semente da doutrina espírita

em Sabará não fora lançada por Joel e Adília com as reuniões no casarão da Rua São Francisco, na década de 30.

A história começou muito, muito antes. Para sermos mais exatos, cerca de cinquenta anos antes da década de 30.

No ano de 1871, em 25 de maio, nascia, em Sabará, Paulo Franco. Inteligente e culto, a princípio abraça o ramo protestante, estudando as Escrituras Sagradas, mas com o tempo se volta para o espiritismo, reconhecendo a largueza do horizonte descortinado pela doutrina.

Com alguns amigos, dá início ao estudo da Codificação, fundando o Centro Espírita Cristão Sabará, na primeira década do século 20.

Porém, Paulo Franco desencarna prematuramente, em 1930, aos 59 anos, deixando ao filho Joel o compromisso da continuação da tarefa no plano físico. Ele, Paulo Franco, prosseguiria do plano espiritual, orientando o andamento dos trabalhos, ele e toda a plêiade de espíritos responsáveis pela divulgação e implantação da doutrina espírita na nossa região.

Foi nessa ocasião, por volta de 1936, que se dá então o encontro de Maria Xavier com Joel e Adília Franco, e ela passa a residir com o marido e os filhos pequenos em companhia do filho de Paulo Franco, no casarão onde tudo havia começado.

Logo que foi morar com os Franco, grávida de Cláudio, em reuniões íntimas, por diversas vezes minha mãe recebe o espírito Paulo Franco, através da psicofonia. Ele que fora pai de Joel e o grande pioneiro das ideias espíritas em Sabará desde os idos de 1910, ano também do nascimento de Chico Xavier.

A ligação espiritual entre as "duas mães" que aguardavam a chegada do reencarnante era de tal ordem que, por meio de Maria Xavier, a mãe biológica, em uma das comunicações, o espírito Paulo Franco previne a mãe adotiva, Adília, de que "o forno era aquela que gerava, mas o pão seria dela"; este relato me foi feito pelo meu irmão Cláudio, que ouviu da mãe espiritual, Adília, este e outros fatos inesquecíveis e admiráveis.

Por décadas a fio esta comunhão de espíritos afins, Joel/Adília, Maria/Jacy, prosseguiu auxiliando-se reciprocamente. Joel e Adília, que não tiveram filhos biológicos, acolheram, dentro do próprio lar, inúmeros filhos de outros lares, além de meu irmão Cláudio, adotando-nos também a todos, filhos de Maria Xavier e Jacy, ofertando-nos sua proteção e seus luminosos exemplos.

E até hoje, e para sempre, continuamos a ter duas mães e dois pais...

Nesse período, meu tio Chico, atendendo prontamente a um pedido de minha mãe, leva ao seu benfeitor, Emmanuel, as dúvidas de minha mãe sobre o trabalho mediúnico que ela exercia.

Pergunta feita por Maria Xavier: "Peço a Emmanuel esclarecimento se devo ou não continuar recebendo espírito, se por acaso tenho essa mediunidade".

Eis a mensagem de Emmanuel, na íntegra:

"Deverá a irmã prosseguir em sua missão de sempre, certa de que todas as dificuldades do caminho são estímulos à sua capacidade de servir ao Senhor.

Não é o parecer dos homens que fundamenta os trabalhos espirituais; mas sim a edificação da consciência na execução dos desígnios de Jesus. Quando surgirem os períodos de cansaço psíquico, é natural que descanse, mas, nem de leve as perturbações exteriores deverão turvar a firmeza de suas resoluções na tarefa confiada ao seu coração.

Dentro de nossos recursos, buscaremos auxiliar, em seu favor, como sempre."

Emmanuel
(Psicografia de Francisco Cândido Xavier.)

– Querida irmã! Por hoje podemos ficar por aqui. Se você permitir, temos de retornar para as tarefas no lar, além do desafio que será converter o diálogo em textos.

– Meu amigo, Jesus irá nos abençoar a cada passo.
Vamos devagar e sempre com o trabalho no espiritismo.
Devemos usar o bom-senso e trabalhar, com prudência,
a qualidade em tudo que fizermos.

Brincamos com os cães, abraçamos o senhor Cornélio, agradecemos a amiga do coração e partimos para as estradas da vida, em busca dos novos desafios com Jesus e por Jesus.

Encontro do Rio Sabará com o Rio das Velhas

Igreja de Nossa Senhora do Carmo, vista de trás

Igreja de São Francisco

**"Jardineiras" que faziam o transporte Sabará/Belo Horizonte.
Década de 1950**

Agremiação Casa do Caminho (1960)

DE CORAÇÃO PARA CORAÇÃO
RECANTO DOMÉSTICO

Carta de 21/março/1980 – De Chico para Cornélio

Uberaba, 21 de março de 1980.

Prezado Cornélio. Deus nos abençoe.

Recebi a sua estimada carta de 16 deste mês agradecido à sua bondade de amigo e de irmão.

Sou eu, meu bom amigo, quem agradece. Você e a nossa estimada Sidália me fizeram grande bem, vindo até aqui, com o nosso caro Jacy e com o nosso pessoal.

Desde muito tempo fazia planos de ir a Sabará rever os entes queridos e abraçá-los. Não me refiro a isto agora, em que um pesar tão grande nos reuniu, à feição de uma dor que não suportaríamos sozinhos, estivéssemos onde estivéssemos, mas, há anos, mantenho o propósito de chegar até aí a fim de estar com todos, mas a vida para mim foi se transformando naquela agitada rotina de tarefas encadeadas que na sua bondade de irmão observou, e a realização de meus desejos ficou sempre adiada... Por fim, a doença da velhice física veio morar comigo, e tudo se fez mais difícil.

Diante da prova que nos colheu, de surpresa, meu anseio foi aquele de seguir imediatamente para Sabará, entretanto, embora a distância espacial em que me vejo, o acontecimento teve sobre mim os efeitos experimentados pelos parentes queridos, que viveram sempre ao lado da nossa querida ausente. Ao invés de viajar, tive de me submeter ao tratamento mais intensivo do corpo sacudido pelo sofrimento com a perda que nos atingiu a todos.

Ah! Meu bom amigo! Quem diz que tempo e ausência são capazes de separar aqueles que nasceram no mesmo recanto doméstico estão enganados. Chorei por nossa querida companheira que nos antecedeu na Grande Mudança, como se nunca houvéssemos estado longe um do outro, um só dia!

Compreenderá você o bem que você e Sidália me fizeram vindo com Jacy e o nosso pessoal até aqui, porque só mesmo o corpo doente me impediu de ir, até agora, ao encontro de vocês.

Muito grato, caro irmão e amigo.

Fiquei confortado com a sua notícia do contato com a nossa estimada Geralda. Estou aguardando notícias dela. O fato de nossa irmã haver igualmente identificado a nossa querida Tiquinha na mensagem, por nós recebida, muito me confortou.

Estou à espera de que você e Sidália, quando oportuno, me enviem um xerox da mensagem referida, caso sejam feitas cópias das páginas mencionadas. Os momentos da psicografia e os instantes de emoção, imediatamente depois, não me permitem uma lembrança total do comunicado e estimarei poder estudá-lo, a sós, em momentos de meditação e prece.

Caro Cornélio, peço a você transmitir o meu grande abraço ao nosso caro Jacy, com muitas lembranças a todos os nossos.

Sei que a vida de hoje corre agitada para nós todos, mas será grande reconforto em meu coração logo se faça possível o nosso reencontro aqui ou aí.

Até lá, com a bênção de Jesus, prosseguiremos com as nossas notícias mútuas.

Um abraço de carregar ao colo para o nosso querido Ronaldo.

Muito grato por sua carta e, contando sempre com o conforto de suas notícias, reúne você e Sidália num grande abraço o seu servidor e tio reconhecido.

Chico

VII- Família do Cristo

Novo cenário para inesquecíveis diálogos e recordações.

Atendendo um convite da comissão de estudos do Centro Espírita Casa do Caminho, voltamos a Sabará para realizar uma palestra.

Aproveitando o ensejo, convidamos Sidália para continuar nossa conversa nas dependências dessa instituição do bem.

Joel e Adília

– Sidália, querida amiga! Vemos os retratos do senhor Joel e Adília, fundadores desta instituição. Você poderia nos agraciar com suas pródigas lembranças?

> – Carlos Alberto, você sabe que meu sentimento é o da gratidão ao casal que muito ajudou nossa família. Joel e Adília mudaram-se para a cidade próxima, Santa Bárbara, onde meu irmão passou a morar em companhia deles, mas mantinham uma residência em Sabará, uma casa que era anexa ao prédio da Casa do Caminho.
> Assim, vinham sempre, e meu irmão convivia com

os "pais e com os irmãos de cá", e Joel e Adília continuavam dando força às reuniões que já se realizavam na Casa do Caminho.

Entre os inúmeros amigos de Joel em Sabará, contavam-se o senhor José de Lima Géo e sua esposa, Olga Géo, que residiam na Fazenda do Capão, localidade não muito distante do centro da cidade.

Referido casal resolveu construir instituição destinada ao amparo de órfãos e mães viúvas necessitadas, com filhos menores. Este fato traria uma modificação profunda na vida de Maria Xavier, um verdadeiro divisor de águas em sua existência.

Certamente, por indicação do casal Franco e com o aval de Chico (Francisco Cândido Xavier), que já mantinham estreitos laços com José de Lima Géo e esposa, meus pais foram convidados para serem os responsáveis pela instituição, que foi fundada em 1942.

Meu pai assumiria a assistência de forma geral, a manutenção das casas que formavam o conjunto da obra, auxiliando em tudo para o bom andamento dos trabalhos. Já minha mãe seria a responsável direta pelas pessoas acolhidas, adultos, crianças e eventualmente idosos e doentes.

Convite aceito, meu pai deixa o emprego na Belgo Mineira e a família muda-se para as dependências do Abrigo, e passa a residir numa casa construída com a finalidade de ser residência para quem estivesse na supervisão da instituição.

Naquela época, ali já era prática o modelo de reunir-se determinado número de crianças em uma casa do conjunto residencial que formava o Abrigo sob a responsabilidade de uma senhora que, na maioria das vezes, possuía também seus próprios filhos e dava assistência ao grupo. Os meninos maiores eram encaminhados ao Instituto João Pinheiro, em Belo Horizonte, onde ficavam até à maioridade e lá recebiam educação básica e profissional. Depois, voltavam para as mães, quando as tinham.

Às moças cabia auxiliar na assistência às crianças menores.

Maria Xavier tinha uma rotina de trabalho que começava muito cedo e não tinha hora de acabar, pois, além de supervisionar tudo, desde a confecção do alimento que era preparado coletivamente no refeitório, bem como as áreas de saúde, higiene, necessidades, lazer, relacionamentos –, gostava de auxiliar, cooperar nas atividades, ensinar...

Isto era natural e praticamente espontâneo, pois éramos ali dentro uma grande família, que se reunia em torno das atividades que se desenrolavam: tarefas, orações, festas, brincadeiras, passeios, encontros.

Não me lembro de nenhuma distinção que minha mãe fizesse entre nós, seus filhos biológicos e as outras crianças assistidas.

Era rigorosa sempre que necessário conosco, e da mesma forma com elas, era alegre conosco e também alegre e criativa com a numerosa prole que estava sob seus cuidados, preocupava-se com a nossa saúde e da mesma maneira inquietava-se pelo bem-estar de toda a família abrigada.

Fazia o possível para atender ao processo de educação moral-espiritual das crianças e jovens, e seu coração afeito à disciplina e ao trabalho, muitas vezes, sofreu com a rebeldia de alguns.

Ao longo dos anos, não tenho recordação de minha mãe lamentando ou queixando-se dos trabalhos, ingratidões e aflições que enfrentou nos quase nove anos que esteve à frente das responsabilidades da instituição.

Naqueles anos, fez sólidas amizades que a acompanhariam por toda a existência física e, certamente, fortaleceram-se após o reencontro na espiritualidade.

A amizade não se resumiu somente às companheiras abrigadas, que dividiam com ela a responsabilidade da assistência às crianças. Porque, fechado o Abrigo, eram comuns as visitas em nossa casa de moças, rapazes, famílias..., que vinham ver "mãe Maria".

Grandes lutas estavam a caminho, mas os trabalhos no Abrigo Irmã Tereza de Jesus, na década de 40, eram como uma preparação.

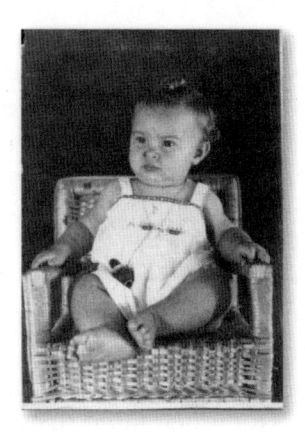

Sidália, aos 2 anos. A roupa foi bordada por uma adolescente que residia no Abrigo Irmã Tereza

Fachada do Abrigo Irmã Tereza de Jesus, em 1942. Atualmente funciona nesse local uma clínica de atendimento à saúde

Conjunto de casas que formavam o Abrigo. À frente delas, o Rio Sabará. Até os dias atuais o nome da rua de frente é Rua do Abrigo

Inauguração do Abrigo Irmã Tereza de Jesus – Mensagem de Emmanuel

Meus amigos, que a paz de Deus se faça em vossos corações.

Os devotados companheiros de vossa tarefa, cooperadores da esfera invisível, congratulam-se convosco pelas sublimes alegrias desta noite.

O Senhor da Seara concede-vos gloriosa oportunidade de serviço, com a presente dilatação de vossos júbilos e responsabilidades e, como é justo, os amigos de cada hora expandem-se em sagrado contentamento do coração.

Alguns deferiram à minha palavra singela a satisfação de vos transmitir tamanha alegria, no entanto, o lápis humano é bem pobre para dizer das emoções divinas do espírito. Nossa alegria, porém, é um compromisso espiritual e, saudando-vos em Cristo, suplico as suas bênçãos de amor para os nossos esforços.

A tarefa que nos compete é bem grande, porque nenhum lutador pode repousar sobre os louros conquistados. É indispensável traduzir em expressões de trabalho permanente o esforço de conservação das luzes recebidas. E a nossa tarefa é a que se constitui da bondade e da compreensão com Jesus. As antigas filosofias religiosas vão passando. É lógico que não lhes podemos negar as influências preciosas em sua época. Quase todas constituíram, a nós outros, portas sagradas de esperança e de revelação gradativa. Entretanto, o espírito evolui cada dia e é impossível cristalizar-lhe os impulsos em formas convencionais.

Todos nós endereçamos aos cultos antigos o voto do reconhecimento e do respeito justos, mas não podemos paralisar a caminhada para Deus. Nessa jornada incessante há sido necessário, muitas vezes, seguir sem a companhia do sacerdócio, naturalmente indicado para a grande realização de nossos objetivos espirituais. A maioria tem preferido as atitudes acomodatícias com os poderes temporais, estacionando à frente dos altares de pedra. Em vão, as coletividades hão clamado por sua adesão aos impositivos do progresso; debalde os corações aflitos hão buscado o socorro dos templos suntuosos e frios. Em semelhantes contingências, no entanto, o homem verificou que era impossível conservar insatisfeita a sua fome de verdade e de Deus. A época das máquinas chegou aos vossos círculos, tentando sufocar-vos preciosas conquistas. Problemas angustiosos surgiram em toda parte. A imaginação envenenada criou postulados políticos perigosos, e os monstros da guerra voltaram a pairar ameaçadores sobre o lar humano. A ciência colabora no conflito, emprestando seus valores às ideologias da morte. E a alma humana frente à sua poderosa realidade que se constitui da vida eterna sentia frio.

Somente a fé, somente o poder de Deus puderam estruturar a consolidação de seus patrimônios imperecíveis. E eis que tendes na revivescência do evangelho, com o espiritismo cristão, o movimento novo, destinado a localizar a luz dos tempos futuros.

Estamos, porém, sob o ponto de vista religioso, quase sós, e a obra pede corações devotados e braços cheios de heroísmo. As doutrinas organizadas nos combatem os esforços mais puros, entretanto, é imprescindível continuar sempre. Daí a necessidade de os discípulos novos se transformarem nos sermões vivos.

A humanidade está cansada de promessas e de livros, de teorias e de interpretações literais. O homem reclama os frutos dos tempos e é por essa razão que Jesus espera dos colaboradores da atualidade as máximas expressões do amor fiel. A restauração do evangelho não virá sem revivescência dos sacrifícios.

As catacumbas antigas estão distantes, os circos do martírio desapareceram, mas prevalece ainda a zona inferior da vida que o discípulo precisará combater e vencer para a vitória do mestre divino. O livro agora é o do coração de cada um, o ensinamento é o exemplo vivo, a crença é a vida íntima. Eis por que compreendemos a extensão de vossos trabalhos e renunciações. Não vos desanimem, todavia, as hostilidades encontradas. Jesus permanece ao lado dos discípulos fiéis até o fim dos séculos. Não vos faltará o apoio divino, como não vos faltarão os alvitres do alto. O Senhor guiará os nossos passos, desde que lhe ofereçamos a "terra" do coração. Que os seus mensageiros encontrem sempre em vossas almas o terreno preparado às divinas semeaduras.

E a todos vós que comparecestes, tangidos por sentimentos sagrados de fé sincera, curiosidade sadia e solidariedade confortadora, nós endereçamos os melhores votos de paz – o tesouro eterno que o mundo não dá, nem pode suprimir. Vós e nós, encarnados e desencarnados, unamos as nossas mãos no labor santo. Nossa atividade não é a que busca o repouso doentio, nossa paz não poderá constituir o prêmio falso da ociosidade. Não aguardeis a coroa de rosas na Terra, quando o próprio Cristo recebeu a de espinhos, nos trabalhos supremos.

Confiemos no Pai que não desampara os filhos, na menor circunstância dos caminhos da Criação. Asseguro-vos que, além dos sepulcros, outras tarefas vos esperam o coração. Não luteis em favor da discórdia porque a verdadeira fé sabe encontrar motivos de elevação em todos os serviços da consciência reta, e que esta casa de amor possa ser uma escola divina que nos ensine a todos, os que se encontrem na carne ou fora de seus círculos, as sublimes lições da caridade e da luz, no sagrado amor a Deus sobre todas as coisas e ao próximo como a nós mesmos.

São os votos de vosso servo e irmão muito humilde.
Sabará, 5 de fevereiro de 1942.
Emmanuel – por Francisco Cândido Xavier.

– Percebe-se que foi uma bonita amizade entre esses corações...

– Sem dúvida. Muitas vezes é necessário recapitular as lições da vida, para que o aprendizado enseje a renovação e as mudanças.

Por tudo que observei na minha vida familiar, desde os meus primeiros anos até hoje, guardo a certeza de que a passagem pelo Abrigo Irmã Tereza de Jesus foi para minha mãe, Maria Xavier, uma necessidade de alicerçar pontos educativos importantes, princípios que ela certamente desejava reconsiderar.

Ali, junto ao casal José de Lima Géo/Olga Géo, que já privavam de amizade com Chico, seu irmão, teve oportunidades preciosas de travar conhecimento ou "reencontrar" amigos, como Rubens Costa Romanelli e família, o próprio casal José/Olga Géo, participar de encontros e reuniões, com as presenças de Chico, Clóvis Tavares, Antônio Loreto Flores, que vinham de quando em quando participar das preces que se realizavam aos domingos no Abrigo.

Ali, construiu ou "reconstruiu" laços espirituais que se destacaram em nossa vivência familiar, refletindo em todos nós, até hoje, de forma evolutiva e elevada, seja no campo intelecto-moral e espiritual, seja no campo profissional.

Não somente convivência com pessoas cultas e renomadas como o professor Rubens Romanelli. Ali, no ambiente da instituição, ela fez, de pessoas anônimas e pobres, amigos e amigas que se tornariam extensão de nossa própria família, como a senhora Clementina da Silva, que passou a morar conosco quando o Abrigo foi fechado, porque não tinha para onde ir. Na verdade, não foi minha mãe que a acolheu, mas sim ela, que nos adotou de alma e coração, como se da família fosse, e a cada alegria ou desventura da nossa casa, era o nosso anjo da guarda, fervorosa e sincera ao lado da nossa família, até sua desencarnação em nossa companhia, depois de cerca de uns vinte anos. Foram cerca de duas décadas de amor.

No ano de 2011 recebi em minha casa a visita de uma senhora, trazida por uma amiga comum, que veio rever-me, depois de quase setenta anos (completei 66 nesse referido ano). Narrou, sensibilizada, que residia no Abrigo no ano de 1945, quando eu estava para nascer. Sabendo da gravidez de minha mãe, desejou muito presenteá-la, mas, como não tinha nada para oferecer, pediu-lhe uma roupinha do bebê e fez um bordado singelo, expressando seu carinho. Quase sete décadas depois ainda refletia sobre mim um gesto de amizade que minha mãe recebera de uma criança à época com 12 anos de idade.

Meninas que viveram aqueles anos dentro do Abrigo ao lado de minha mãe, ao saírem, jamais desligaram-se de nós, mantendo intacto o vigor da amizade e do respeito.

Dentro dessa instituição, inesquecível para nós, Adília e Joel foram ainda pedra angular e fundamental.

Joel, amigo íntimo dos Géo, era uma espécie de "mentor" encarnado da obra.

Adília funcionava como educadora permanente e transmitia às jovens internas todo seu conhecimento e habilidades nas artes do artesanato, pois manejava linha e agulhas como ninguém.

Ensinava noções de economia, moral, e principalmente oferecia o que de melhor possuía para doar: amor.

Minha mãe, sempre muito enérgica, procurava manter um ambiente saudável, porque, lembro-me bem, apesar de muito nova, de que a minha infância foi muito feliz brincando e convivendo com as crianças do Abrigo.

Lembro-me de um fato que ouvi inúmeras vezes contado por pessoas que o presenciaram, principalmente as senhoras que foram mais íntimas de minha mãe.

Uma tarde, quase escurecendo, bem próximo à casa onde morávamos, uma das meninas, de nome Maria Helena, foi picada por uma cobra jararacuçu. Socorrida e levada ao hospital em estado muito grave, minha mãe chamara duas ou três companheiras mais chegadas para orarem com ela. Ajoelhada, pedia a Deus em desespero que tirasse um de seus próprios filhos e poupasse a vida da criança.

A criança sobreviveu. E nós também...

De pé, da direita para a esquerda, o segundo é Amauri Pena; o mais alto é Rubens Romanelli. Sentados, a primeira à esquerda é D. Alda Romanelli. (Foto cedida pelas filhas do casal)

Rubens Romanelli, à esquerda. Amauri Pena é o terceiro para a direita. Foto cedida pelas filhas de Romanelli

Nosso querido tio Chico Xavier, visitando nossa família, na residência do casal Géo, novamente foi instrumento para inesquecível orientação do benfeitor Emmanuel, que reproduzimos a seguir:

MENSAGEM DE EMMANUEL

Meus amigos, que a bênção do Senhor nos fortaleça. Associamo-nos às vossas preces, misturando aos vossos os nossos apelos a Jesus, a fim de que não nos faltem forças indispensáveis à ascensão.

Um ano que se extingue é também símbolo de uma existência a findar – imaginemo-nos assim, no clímax de nossas responsabilidades e compromissos e não nos esqueçamos de que a oportunidade se caracterizará igualmente pelo ponto terminal. Em verdade, não nos faltará o ensejo da continuação, no reajustamento das experiências, entretanto, nosso interesse máximo deve ser o do aproveitamento junto das dádivas recebidas.

Não ignoramos vossas dificuldades e lutas. Congregados aqui na prece, nossos corações se entrelaçam no desejo de concretizar o ideal escolhido, o plano estruturado antes da bênção que constituem para vós outros a presente reencarnação. Intentais a realização maior, buscais a zona mais elevada das responsabilidades do dia que corre, todavia, impedimentos de várias ordens se antepõem à vossa marcha. Não desencorajeis, porém, o coração, entregando-vos ao campo sombrio do desalento. Somos com o Cristo uma caravana de forasteiros e peregrinos que não se dissolverá. De quando a quando, a ventania das provas remissoras tentará o afastamento desse ou daquele componente do nosso grupo de fraternidade cristã, contudo, o nosso Guia Maior é Jesus. Estamos reunidos em espírito, embora cada núcleo atue em regiões diferentes da vida. E, no empenho de nos integrarmos, cada vez mais, uns com os outros no labor santificante, rogamos de vosso espírito muita coragem, perseverança e fé. Não julgueis que o arado evangélico possa ser movido sem suor. Muitas vezes, veremos com lágrimas nos olhos a nuvem ameaçadora avizinhando-se da lavoura espiritual que nos é própria; em diversas ocasiões, sofreremos o assédio dos insetos destruidores da plantação. De outras vezes, os detritos da terra correrão em massa, a caminho de nosso serviço purificador – entretanto, meus amigos, como não ser assim, se o próprio Jesus sorriu entre as ruas floridas de Nazaré, comungou com a alegria dos amigos em Cafarnaum para tomar, ele sozinho, a cruz em Jerusalém, na direção do Calvário que santificou a humanidade? Enquanto a nossa tarefa pode ser desdobrada na senda comum, entre o céu azul e a atmosfera dourada, a movimentação da alma é sempre fácil jornada entre jardins de claridade, perfume e luz. Todavia, em nos preparando para o testemunho maior, começamos a sofrer a responsabilidade individual das obrigações livremente aceitas, perante aquele que é o nosso Juiz Maior. Então, o horizonte não parece tão claro, o jardim dá lugar à floresta desconhecida povoada de espinhos e urzes, víboras e vermes daninhos. Todos os perigos da jornada sobem à tona. Todos os empecilhos aparecem. Os dragões das portas, cuidadosamente ocultos, surgem de imprevisto, revelando amargurosas surpresas. A alma do discípulo é compelida, então, a receber o madeiro das obrigações mais pesadas, mais difíceis. Por isso mesmo, o Senhor, antes da ressurreição, aceitou na fronte a auréola de espinhos. A solidão, em tais instantes, é angustiosa para o coração, contudo, em semelhantes horas é que se manifesta o aproveitamento real do aprendiz. Os previdentes combatem os obstáculos, transformando-se, eles mesmos, em vasos vivos da vontade do Pai. Valem-se das sombras e das pedras da estrada como blocos potenciais de serviço divino. Aproveitam a dor como óleo sagrado para a lâmpada do espírito. Os verdadeiros discípulos são os que se revelam mais sábios no minuto das lições, e os apóstolos do Cristo só resplandeceram ao fogo vivo do amor divino, quando perseguidos e atormentados nas fogueiras e nas cruzes. Diante deles, meus amigos, nosso esforço quase desaparece. Somos alunos humildes de um Mestre de Infinita Sabedoria que nos aceitou a matrícula em sua escola sublime por acréscimo de misericórdia. Nossas responsabilidades são mínimas. Por que não suportarmos, pois, corajosamente, os diminutos espinhos da estrada, se o espírito da obra é tão grande? Oramos, suplicando a Jesus energia e proteção, ajuda e reconforto, mas, aos nossos ouvidos espirituais, ressoam as preces que chegam do plano superior, alentando-nos a inferioridade e solicitando-nos cooperação e entendimento. Busquemos o Cristo para que o Cristo nos encontre. Afeiçoemo-nos à lei divina para que a lei divina nos garanta no campo universal. Conhecemos o conteúdo de vossas preocupações e desejamos cooperar no levantamento de vossas forças espirituais, mas esperamos que continueis assinalando vossa ação com a boa vontade e com o amor cristão. Sem esses dois característicos na alma, é impossível construir com Deus. Sejamos cada um de nós um sustentáculo para os demais. Compreendamos sempre sem reclamar a compreensão do companheiro mais próximo. Auxiliemo-nos, em suma, a fim de que sejamos auxiliados por Aquele que tudo dá.

Ai dos homens que não acendem a própria luz nos vales escuros da vida humana! Errarão por muito tempo nas sombras de si mesmos, sem encontrar o caminho e sem possibilidades de serem identificados pelos Mensageiros Consoladores que os ensinam. Tenhamos, pois coragem, amor e paciência edificante. A fé viva não é aquela que aguarda o favor do céu, esquecendo a bênção do trabalho que vibra em torno de si mesma; é aquela que age no bem, confiante na vitória final da fraternidade e da sabedoria que governam a vida universal.

Nestes dias de luta, olvidai a incerteza e a aflição. Prevaleçam entre vós a cordialidade e a confiança fraternas. Sigamos juntos com Jesus, e que os atritos benéficos da luta nos sirvam a todos como elemento de intensificação de nossa luz íntima. Por enquanto nossa chama é um traço que bruxuleia aos golpes do vento das mutações terrestres. Nosso psiquismo ainda é frágil e vacilante; contudo, somos herdeiros do Pai e devemos arquitetar os nossos próprios destinos.

Prossigamos corajosamente. O cimo ainda está longe. É indispensável caminhar, sofrer, edificar e suportar lutas intensamente. Estamos apenas saindo do terreno indefinido da generalidade, da multidão. Lembremo-nos de que o Mestre divino também saiu um dia... A princípio eram muitos no glorioso empreendimento. Na multiplicação dos pães estavam presentes quase cinco mil pessoas, seguindo as narrativas evangélicas; nas praças públicas, os beneficiários eram em número de enormes proporções; na estrada triunfal em Jerusalém, congregavam-se coletividades à sua passagem para os cânticos festivos da hora de alegria fácil, mas, quando a caravana subiu da cidade para o monte, estava ele somente, sob a cruz, auxiliado por um cireneu constrangido. O Mestre, porém, confiou, confia e confiará sempre em nós. Esperará sempre da contribuição humana e, por esse motivo, tem reformado os nossos títulos de oportunidade. Em vista disso, é natural que subamos todos juntos ao monte dos testemunhos pessoais do aproveitamento das bênçãos recebidas. Confiantes, portanto, de vossa firme disposição, no trabalho iniciado, rogamos ao Senhor nos abençoe a todos, à porta do ano novo que se iniciará amanhã. Ajoelhado, convosco, no templo do espírito e falando em nome de numerosos amigos de vosso atual esforço na Terra, repito as velhas palavras que sendo do evangelho são igualmente de nossos corações famintos de luz: – Senhor, eis aqui os teus servos. Faça-se em nós, segundo a tua palavra.

Emmanuel.
31/12/1946

Mensagem recebida por Francisco Cândido Xavier, em reunião íntima na residência do casal José de Lima Géo e Olga Géo, na Fazenda do Capão, em Sabará.

– Carlos Alberto... Infelizmente teremos de interromper, pois o horário da prece chegou. Agora é a hora de focar o evangelho e a doutrina espírita, certo?

Como em um abalo sísmico, fomos despertados abruptamente para a realidade objetiva. Chegava o momento da palestra.

Ufa! Respiramos fundo e fizemos uma prece rogando amparo para seguir na trajetória da tarefa transformadora do mundo íntimo. Ave, Cristo!

VIII – MÃOS OPEROSAS

MINAS GERAIS! COMO te apreciamos. Suas montanhas, cascatas, rios, prados, campos, cidades. Ah! O povo das Minas Gerais... Sem palavras!

Uai, sô! O "mineirês". Esse jeito todo mineiro de ser.

UAI, dos inconfidentes. União, Amor e Independência...

Família, amizade, culinária, poesia, música, política, futebol, arte, cultura, trabalho, evangelho.

Sabará, eis as igrejas! Escutamos o trotar dos cavalos, ouvimos o cantar dos peões, sentimos a força dos escravos. Cidade cheira a história. Mediunidade tem lá essas coisas: sem intenção, costuma-se entrar em fendas do passado, ao visitar seus monumentos.

– Ó, de casa! Chamamos no portão.

Recepção acalorada. Primeiro, os latidos dos cães, depois o acolhimento dos amigos para sempre, Sidália e Cornélio.

– Sidalinha, carinhosa saudação. *(Apelido utilizado por Chico para Sidália)*. Vamos mergulhar no passado? Está pronta?

– Lógico! – *respondeu solícita, como de costume.* – Aproveitemos enquanto a memória dá conta (risos).

– Em nosso último encontro falou sobre o espiritismo em Sabará; julgamos que tem mais tesouros para nos brindar.

– Nos idos de 1930, 1940, o movimento espírita já era uma realidade pujante e crescente em Minas Gerais. A União Espírita Mineira cujas sementes foram lançadas em 1908, Pedro Leopoldo com Chico Xavier nascido em 1910, Eurípedes Barsanulfo marcando com sua mediunidade missionária e com sua caridade extraordinária o fim do século 19 e o início do século 20 na cidade de Sacramento e regiões vizinhas e outras instituições, hoje também centenárias, como o Grupo Espírita Dias da Cruz (¹²), em Caratinga, e outras mais mostravam a face consoladora e rica em ensinamentos da doutrina dos espíritos.

Em Sabará, além da Casa do Caminho, o Abrigo Irmã Tereza de Jesus foi um foco irradiador dessa luz. A realização dos cultos domingueiros, a base da instituição fundamentada nas ideias espíritas, o relacionamento de Chico Xavier com a família Géo e principalmente a vivência que se praticava dentro da instituição colaboraram em muito para a disseminação do espiritismo, e algumas famílias conceituadas na cidade, aproximaram-se, participando do movimento.

Uma dessas famílias que viria a entrosar-se fortemente no movimento espírita sabarense, a partir do Abrigo Irmã Tereza de Jesus, foi a de Antônio Cecílio Moreira, também protegido de Joel Franco, e que foi o primeiro fotógrafo a residir na cidade.

Ele e a família (esposa e oito filhas) estavam morando havia pouco tempo em Belo Horizonte, vindos do interior à procura de recursos médicos para a filha mais velha, que foi internada no Sanatório Imaculada Conceição (que não existe mais), vindo a desencarnar com 19 anos.

Passando toda sorte de necessidades com a família, Antônio Cecílio começa a frequentar a União Espírita

---

12. *Reformador*, de junho de 2009.

Mineira ([13]) e trava conhecimento com Cícero Pereira, e a família passa a receber assistência e apoio, inclusive alimentos. Quando a filha desencarna, em 1941, foi o centro espírita ([14]) de Antônio Loreto Flores que os ajudou e, através dessa rede fraterna, ficam conhecendo Joel, que os traz para Sabará e, imediatamente, passam a formar as fileiras do espiritismo na cidade, fazendo parte da primeira diretoria da Casa do Caminho. Antônio Cecílio Moreira desencarnou aos 102 anos, no sobrado de sua propriedade, na Rua do Carmo, em Sabará. Esse sobrado pertencera a ninguém menos que Paulo Franco.

Durante os anos em que esteve à frente do Abrigo Irmã Tereza de Jesus que ficava próximo à chamada Ponte do Géo (nome que conserva até hoje), minha mãe vinha normalmente às reuniões da Casa do Caminho.

Entre as companheiras fiéis nessas idas e vindas (era uma distância considerável, uns 30 minutos de caminhada puxada), estava a amiga Clementina.

Paulo, Amauri e Francisco entravam na adolescência.

David, nascido em 1940, em junho. Sálvio em 1943, e eu, em 1945, nascidos no Abrigo, estávamos ainda bem crianças.

Entre as suas funções na instituição, os compromissos na Casa do Caminho e a família, Maria Xavier dividia o tempo e era feliz, como felizes éramos todos nós.

Bem cedo, Amauri manifestara inteligência brilhante, veia poética, bonita voz e afeição pelo violão, como a mãe.

Incentivado e orientado por Rubens Romanelli, publica, antes dos 17 anos, *Os primeiros poemas*.

No entanto, outra mudança radical estava a caminho da família. O casal Géo decide transferir o Abrigo para localidade próxima à cidade de Esmeraldas, para uma fazenda de sua propriedade, a Fazenda da Cachoeira. Géo constrói edificações bem diferentes das adotadas em Sabará, e o grupo muda-se por volta de 1949.

---

13. Informações de Gercira de Lourdes Moreira Pena, filha de Antônio Cecílio Moreira.
14. Centro Espírita Amor e Caridade. Localizado em Belo Horizonte, MG.

Minha mãe relatava-me que Juquinha Perácio, José Hermínio Perácio, que também vinha frequentemente ao Abrigo, acompanhou-os na mudança, e, ao chegar ao novo local ermo e desolado, com dois pavilhões onde passariam a viver as crianças e demais pessoas abrigadas, sem nada por perto, disse-lhe: "Tiquinha, prepare-se porque você vai sofrer muito aqui".

Nós ficaríamos instalados numa casa não muito distante dos pavilhões onde o Abrigo passou a funcionar. Não havia vizinhos, nada. O contrário da situação vivida em Sabará, onde o convívio era estreito e rico em amizades, passeios, convivência, proximidade com casas comerciais, escolas, que as crianças frequentavam.

A mudança física e as modificações introduzidas na instituição foram radicais. Produziram um impacto desastroso no espírito de Maria Xavier.

As crianças, os adolescentes, as senhoras, enfim, ninguém se adaptou às novas condições, e minha mãe, sentindo-se impotente para fazer qualquer coisa, em pouco tempo adoeceu, enfraquecendo-se física e emocionalmente.

Meu pai, em face da gravidade da situação, tomou a decisão: o retorno da família a Sabará. Só Paulo e Amauri ficaram trabalhando na Fazenda da Cachoeira, para José de Lima Géo, mas não por muito tempo.

Mais uma vez, Joel e Adília abrem as portas do coração, e viemos morar na casa que eles mantinham ao lado da Casa do Caminho.

Foi um período de muitas dificuldades, até meu pai ser readmitido na Belgo Mineira.

Depois da saída de minha mãe, ninguém mais ficou.

Foi nessa ocasião que Clementina veio morar conosco.

Algumas meninas e moças viriam para nossa casa em Sabará, até que algum parente as buscasse.

Outras foram ficar provisoriamente com Adília e Joel ou com Olga Géo, até que se resolvesse a situação.

A segunda vista, ou vista dupla ([15]) de José Hermínio Perácio havia previsto que os pavilhões ficariam entregues a pastos de animais. De fato, acabaram depredados pelos últimos que saíram, que quebraram vidros e destruíram o que puderam.

A saúde de minha mãe, extremamente abalada, custou a recompor-se.

O círculo de amizades construído desde a chegada a Sabará em 1933, acrescido de alguns corações amigos encontrados, ou reencontrados, nos anos de Abrigo Irmã Tereza de Jesus, e ainda, companheiras da Casa do Caminho, mais uma vez ofereceu mãos fraternas, apoio, passes, ajudando-a a reconquistar o bom ânimo e a alegria.

A fé inabalável de Maria Xavier, depositada na Providência Divina, nos Protetores Espirituais, permitiu uma vez mais que a luz amorosa do alto viesse socorrer-nos.

– Ao que parece foi um período muito difícil para a família Xavier – *concluímos cuidadosamente.*

– Por mais duras e ásperas que fossem as experiências, Maria Xavier jamais se afastou dos compromissos espirituais. Meu pai sempre foi um esteio ao lado dela, com as virtudes que faziam de seu caráter um exemplo a ser seguido.

Em qualquer circunstância, minha mãe sempre procurou praticar o bem que lhe era possível.

Aqueles irmãos necessitados, que diariamente iam aos portões do Abrigo receber sobras de alimentos ou outras doações, passaram a procurá-la à porta de nossa casa e nunca saíam à míngua de alguma coisa, principalmente uma palavra, um estímulo, um conselho.

Procurando exercer as mediunidades que possuía com responsabilidade e devotamento, recebia da espiritualidade amiga amparo, intuições, orientações e a todos que passaram por sua vida procurou ensinar algo

---

15. Segunda vista ou vista dupla: faculdade que permite, ao seu portador, visualizar fatos que ainda vão acontecer. (LE - Questões de 447 a 455)

de útil. Pelos seus exemplos de vida foi adquirindo autoridade moral perante a comunidade sabarense.

Muitas pessoas passaram a disponibilizar em nossa casa doações de alimentos, roupas, cobertores, que ela repassava aos necessitados.

Suas ações, sua determinação em ser útil, sua palavra confiável, sua convivência com todas as classes sociais foram tornando-a conhecida e estimada.

A nossa casa era endereço certo para as pessoas que pediam nas ruas e à minha memória vêm tipos populares como Maria Peteca, Anita Baiana, Coló, que fazia flores e vendia nas ruas, o qual Joel e Adília levaram para morar no porão da casa onde também habitávamos.

Coló e seu cão, apinhado de pulgas! Elas subiam ligeiras para nosso piso de assoalho, para desespero de minha mãe.

Cresci convivendo com as ações desprendidas e amorosas de Joel e Adília, e até hoje abençoo o privilégio de desfrutar-lhes a presença por tantos anos na vida física.

As presenças de Joel e Adília confortavam minha mãe. Recordo-me dos dois orando com ela, encorajando-a e ensinando-nos a viver, através de seus exemplos. Certamente teriam sido eles alguns dos grandes intercessores na vida espiritual para a reencarnação de Maria Xavier. E pela intimidade e respeito que espontaneamente nos ligavam ao casal, reconhecemos nos dois corações – ligados ao nosso por liames espirituais – a prestimosa dedicação protegendo-nos e amando-nos, velando pela nossa caminhada evolutiva, estreitando laços, dando-nos a mão, seja na carne ou na vivência espiritual.

Na casa, ao lado da Casa do Caminho, ficamos durante uns três anos. Nesse meio tempo, o senhor José de Lima Géo faz para meus pais a doação de um lote, situado na mesma região que os recebera em 1933. Com muita luta e sacrifício, construíram uma casa (meu pai trabalhando como pedreiro), e nos mudamos. Isso por volta de 1953.

A essa época, Amauri começou a apresentar distúrbios psicológicos, favorecendo ataques de entidades enfermas, causando aflições para meus pais e para toda a família.

O professor Romanelli continuava por perto, visitando-nos e fazendo o possível para auxiliar Amauri, e este, ora mais equilibrado, ora deixando-se levar por desequilíbrios, ainda assim começou a psicografar poemas e páginas de grande profundidade e beleza, hinos espíritas e reflexões com conteúdo moral elevado.

Esse painel sombrio pressagiava o que acabou configurando a grande queda de meu irmão. A luta entre o bem e o mal, a luz e as trevas.

ENFERMIDADE, DESENCARNAÇÃO. ABATIMENTO GERAL

– Meus pais lutavam de todas as formas para auxiliá-lo, e cireneus não faltaram.

Foto do Abrigo Irmã Tereza de Jesus (1944)
Ao fundo e à esquerda, de terno escuro, Joel Franco. No centro, em frente à porta, Rubens e Alda Romanelli. À direita, o mais alto junto a janela, José Hermínio Perácio. Atrás das crianças, à esquerda, Maria Xavier, de vestido estampado, e Jacy Pena, com o filho Sálvio ao colo

Segundo os relatos de minha mãe, o vício de Amauri começou antes que ele completasse 18 anos; portanto, por volta de 1950. Desse período até sua desencarnação, em 28 de junho de 1961, a vida familiar para nós foi povoada de muitas aflições.

Nem por isso o espírito empreendedor de Maria Xavier ficou paralisado.

Identificada com os compromissos espirituais que faziam parte de seu roteiro reencarnatório, dirigia a Casa do Caminho com devotamento e responsabilidade.

Apesar das atribulações constantes com o alcoolismo de Amauri, não faltava às reuniões. Desde o seu retorno da Fazenda da Cachoeira, iniciativas relevantes marcaram a história da Casa naquele período.

Em 1955, por iniciativa dela, inicia-se a "Campanha do Quilo Francisco de Assis", que passa fazer parte das atividades da casa. Meu pai e outros companheiros faziam, semanalmente, a Campanha em ruas e bairros escolhidos por ela. Os gêneros recolhidos eram organizados, pesados e distribuídos a famílias necessitadas.

Antes disso, sempre apoiada por integrantes já ligados às tarefas da casa, inaugurou a "Aula de Moral Cristã Clarins do Amor", para crianças e adolescentes. A minha mente infantil, mais uma vez, junto ao grupo que formava estas aulas de evangelho, teve a felicidade de mergulhar nas lições dos livros psicografados pela mediunidade de Chico: *O caminho oculto*, *Histórias de Maricota*, *Cartas do evangelho* e ainda (que saudade!) *Sementeira cristã*, de Clóvis Tavares, e *52 lições de catecismo espírita*.

Pelo Natal, minha mãe preparava festas, que eram apresentadas para o público das reuniões da noite. Declamávamos poesias de Casimiro Cunha, apresentávamos peças teatrais, bailados, e confraternizávamos. Tudo sob a regência do entusiasmo e do dinamismo de Maria Xavier.

Com aqueles que se iam reunindo em torno do ideal da doutrina, juntando esforços e compartilhando o trabalho, criou-se também uma distribuição anual comemorativa do Natal de Jesus em que eram oferecidos gêneros alimentícios, roupas, brinquedos, atendendo por vezes até mais de 500 famílias.

Uma outra iniciativa do grupo, que ia se fortalecendo, foi a criação de uma reunião de efeitos físicos, ou seja, materializações. A médium era Juraci Passos, distinta senhora de Sabará. Embora fosse ainda criança, minha mãe me levava. Com muita naturalidade e alegria, vi luzes que espocavam no ar, maravilhando a todos os presentes. Não chegaram a acontecer materializações de espíritos, pois a médium não pôde prosseguir com as experimentações.

Os passes curadores eram aplicados nas reuniões públicas por médiuns simples e esforçados.

Maria Xavier comentava o evangelho de Jesus com facilidade e beleza, e sua fala era envolvente e fervorosa.

Ela não perdia a oportunidade de formar novos trabalhadores. Tanto às pessoas analfabetas quanto às outras, de elevados conhecimentos, a todas transmitia os ensinamentos da doutrina dos espíritos, utilizando a didática adequada a todas as mentes e intelectos.

Era sempre chamada a socorrer enfermos que não podiam locomover-se ou a acudir casos de necessidade.

Pessoas de todas as classes sociais recorriam a ela em suas aflições e, muitas vezes, inúmeras mesmo, acompanhei-a em passes e visitas, levando o pão do espírito ou do corpo, ou ambos.

Em alguns casos, ela aplicava passes no enfermo até sua melhora ou até sua desencarnação.

Por volta de 1957, pouco mais, pouco menos, um fato muito interessante aconteceu na vida religiosa de Sabará: A promoção de um Congresso organizado pelas Testemunhas de Jeová.

Naquela ocasião não havia um local que pudesse abrigar um evento de tal magnitude. Maria Xavier então foi procurada pelos organizadores, que lhe pediram ceder o prédio da Casa do Caminho para a realização do encontro e, também, para a hospedagem de todos que viessem de fora. Minha mãe não pensou duas vezes e, com a aquiescência dos companheiros, a casa foi cedida durante uma semana para que eles realizassem suas atividades. Para que fosse possível o cometimento, todas as reuniões foram suspensas e, atendendo o convite, minha mãe compareceu a algumas das reuniões. E, para não fugir, à regra, eu fui junto.

Ismália no colo de Sidália. Em pé, Alcione

Maria Xavier, ao lado de uma amiga inseparável, Clementina, de óculos, à direita. As crianças "filhas espirituais". Ao fundo, outra amiga de tarefas. Do lado esquerdo, Sidália e o irmão David. Entre Maria Xavier e Clementina, o filho, Sálvio

– Sidália... Ficamos inebriados com as posturas educativas de sua mãe. Vimos que ela apresentou muitas virtudes que são aquisições de outras vidas. Vocês foram privilegiados por terem tido tantos ensinamentos. Em meio a tantos desafios, a família era muito alegre, ao que parece.

– Sem dúvida, Carlos Alberto. Os Xavier possuem essa característica. A fé em Deus, a certeza na vida futura favoreceu para que houvesse momentos felizes; no entanto, nesse ponto da história vivemos experiências marcantes.

O ano de 1958 traria uma amarga surpresa para meus pais. Amauri, cada vez mais doente e obsidiado, procura a imprensa e faz declarações escandalosas sobre o tio Chico Xavier, afirmando que sua mediunidade era uma farsa e que, ele próprio, Amauri, também escrevia suas poesias usando nomes de poetas desencarnados, embora tudo isso fosse uma farsa.

A repercussão desse fato não carece de mais destaque; porém, a atitude de meus pais, sim.

Não abandonaram o filho em desequilíbrio; não se renderam ao sofrimento superlativo que os atingiu. O ambiente do nosso lar foi mantido dentro da harmonia possível, e a fé cultivada não se abalou.

A humildade de meu pai, a coragem de minha mãe, o equilíbrio de meus irmãos mais velhos, o amparo dos amigos e o socorro do alto minimizaram o acontecimento, que se desfez na atitude respeitosa da comunidade sabarense. Não houve impacto que prejudicasse as atividades da Casa do Caminho, pois, na cidade, todos conheciam a enfermidade do meu irmão, e, em sua maioria, souberam compreender.

Pouco tempo depois do acontecimento, pessoas que nem conhecíamos ofereceram apoio para Amauri, na cidade de Pinhal[16], no Estado de São Paulo, para um período de internação. Sem condições financeiras para outro tipo de condução, meu pai e um amigo da família viajaram de ônibus para a cidade paulista conduzindo Amauri, que bebeu durante toda a viagem, conforme relatou meu pai.

Em Pinhal, Amauri ficou quase um ano, sob a responsabilidade de benfeitores anônimos e, quando voltou, por certo, depois de estagiar bebendo aqui e ali por algum tempo, chegou em casa coberto de estranhas erupções na pele, extremamente abatido. Joel Franco, em nossa casa, carinhosamente sentou-o numa cadeira e começou a cuidar de suas feridas.

---

16. Espírito Santo do Pinhal, ao norte do Estado, próxima a Mogi Guaçu. N.R.

Joel Franco e Adília, sua querida esposa

Não duraria muito mais, mas continuou no vício, enquanto suas forças permitiram que caminhasse para os bares da cidade. Por vezes, ao ir para o colégio bem cedo, deparava-me com Amauri caído em algum ponto do meu trajeto.

Por fim, a cirrose deixou-o acamado, e meus pais, valorosos e perseverantes, cuidaram-no até o final.

Meus pais sabiam que ele sentiu desejo de retratar-se da atitude contra Chico. Mas ele não conseguiu...

Um dia entenderemos o motivo de não ter acontecido.

Embora a dor que causou a todos nós, nos anos a fio de convivência com a enfermidade, com certeza foi ele quem mais sofreu, pelo desperdício de preciosa reencarnação. Penalizava vê-lo no final da existência, consumido, o corpo físico em ruína, caminhando dentro de casa com a maior dificuldade, apoiando-se em alguém ou nas paredes, deixando a vida física antes de completar os 30 anos de idade.

À hora do sepultamento, os olhos claros de meu pai, embaçados de pranto, manifestavam a dor de todos nós.

– As recordações são dolorosas, Sidália. Mais impressionante é o estoicismo desta família... Admirável mesmo a força de todos!

– Com toda a certeza! Foi um período muito duro para todos. Posso traduzir a dor revendo o choro de minha mãe.

Em junho de 1961, desencarnam, respectivamente, Joel Franco, no dia 5, e Amauri, no dia 26, véspera do aniversário de David.

Fazia, nessa época, no mínimo três anos que David já estava doente. Antes que viesse o diagnóstico de esquizofrenia (que demorou muito), houve uma peregrinação por médicos e hospitais psiquiátricos.

Hoje, ao recordar-me dos anos e anos, primeiro com o alcoolismo de Amauri e depois com a enfermidade de David, desenha-se em minha mente um painel formado de muita dor e de extensas provações.

David foi um jovem de inteligência privilegiada, muito dedicado aos estudos. Concluiu o segundo grau na Escola Técnica Federal, no Rio de Janeiro, onde conseguiu ser selecionado para estudar como aluno interno, graças às altas notas que sempre marcaram seu currículo escolar.

Formado no curso de Eletrotécnica, adoeceu tão logo começou a exercer a profissão.

Acredito que foi nessa época que minha mãe, sempre enfrentando os baques da vida com fervorosa coragem, começou a abalar-se.

No início da enfermidade, David tinha poucos períodos de lucidez, e os surtos eram pesados e frequentes. Até que se encontrassem médicos e tratamentos adequados, muitíssimas vezes teve que ser internado, saindo como havia entrado.

O tratamento espiritual era dificultado, pois ele, David, não era acessível.

Nos períodos de calma, era uma criatura doce, amorosa, de fácil trato; conseguia trabalhar, por curtos espaços de tempo, mas irreconhecível nas crises.

Guiados e sustentados pela fé, mais uma vez auxiliados pelos amigos e amparados por Deus, os familiares seguiam tentando manter a normalidade da vida.

Os dois irmãos mais velhos já haviam se casado, e suas esposas tornaram-se companheiras de nossas dores e irmãs de nossas aflições.

Os netos que chegavam traziam enorme alento ao coração de Maria Xavier, que, enquanto viveu na Terra, tinha neles fonte perene de alegria e motivação.

Com o transcorrer dos anos e o avanço da esquizofrenia, meu irmão David foi aposentado por invalidez, não sem muita luta de meus pais, pois os médicos adiaram esta solução ao máximo. Causava muita ansiedade à família, sempre que havia necessidade de renovar as infindáveis licenças médicas.

A expressão espiritual da alma de minha mãe, porém, não perdia seu vigor. Socorria doentes, consolava aflitos, promovia campanhas para auxílio dos necessitados, recebia mensagens psicografadas, falava sobre o evangelho com fé ardente e cantava. Cantava e tocava violão com as modinhas do tempo de sua mocidade e com meu irmão mais velho; às vezes, com as vozes das filhas pequenas, cantavam juntos nas tardes de domingo.

Minha mãe sempre foi leitora fiel, ou dizendo melhor, estudiosa, dos livros psicografados pelo irmão Chico.

Conheci os romances de Emmanuel, os livros de André Luiz, ainda na adolescência, pois, às tardes, depois dos afazeres domésticos, ela lia para nós (eu, Clementina, alguma ajudante de nossa casa e mais alguém de nossa intimidade). Quando não era possível, por causa da falta de tempo, ela narrava com entusiasmo o conteúdo dos textos.

Assim, conheci, pelos lábios de minha mãe, além das preces e conselhos, a história de Alcione, do livro *Renúncia*; de Lívia e Públio (*Há dois mil anos*), e também do apóstolo dos gentios, no livro *Paulo e Estêvão*.

Os textos dos livros *Fonte viva, Boa-Nova, Jesus no lar, Pontos e contos* e outros foram ficando ao nosso alcance com maior facilidade, depois que meu irmão Francisco começou a revender livros espíritas.

Maria Xavier tinha também, no entanto, seu lado pitoresco. Ao fazer as compras de nossa casa, depois que meus irmãos se casaram, incluía, mesmo sem as noras solicitarem, alguma compra para as casas dos filhos e ia anotando o "débito" numa caderneta que guardava cuidadosamente para depois receber a "conta" na mão dos filhos.

Ela sempre foi econômica e controlada e, mesmo sendo meu pai um operário e ainda com todas as vicissitudes da vida, tínhamos uma casa com o necessário para a vida simples e confortável.

À medida que os filhos começaram a trabalhar, todos cooperavam no lar.

Na década de 70, já eram cinco filhos casados.

E, então, em dezembro de 1970, veio outro grande abalo familiar. A prisão de meu irmão Sálvio, em face ao regime militar. Desconhecendo como ou por que, desapareceram com Sálvio, a esposa e o filho recém-nascido, de três dias.

Foram trinta dias de angustiosa procura e terrível expectativa, até que os localizássemos e a criança fosse devolvida. Os pais continuaram presos, mas, pelo menos, já sabíamos onde estavam.

Meu irmão foi levado para Linhares, penitenciária que fica na periferia de Juiz de Fora, e a esposa ficou em Belo Horizonte.

Por quase dois anos, até que foi libertado, visitávamos Sálvio em Juiz de Fora, com toda a burocracia exigida, para conseguir vê-lo no parlatório, através de uma tela com grossos arames... Apenas o filho pequeno podia ter contato direto com o pai.

Foi a essa época que vi pela primeira vez minha mãe chorar.

Sidália interrompeu a narrativa, com a voz embargada. Seu olhar se perdia na direção do jardim da sua residência.

Ao perceber o impacto da cena, permitimos que o olhar também se embrenhasse por entre as flores, sem nenhuma vontade de voltar.

Era o momento para o sentimento bradar como quisesse.

Ao voltar em busca daquela que conduzia a narrativa, percebemos lágrimas deslizando pela face sofrida, em gotículas de amor, saudade e esperança.

Ela tentava retomar, sem sucesso.

O ambiente do lar, que antes fora a morada de seus pais, favorecia para que o passado se transfundisse no presente como dádiva singular.

Diante de tão fortes emoções, restou-nos sugerir:

– Amiga, confortemo-nos na fé. Chegou a hora da despedida. Até o próximo encontro!

Despedimos, fraternalmente. Tarde inesquecível! Fomos acolhidos por verdadeiros benfeitores.

Brincamos com os cães, que se agitaram na despedida, e partimos na direção do mais Belo Horizonte.

DE CORAÇÃO PARA CORAÇÃO – NÚCLEO DA AFINIDADE IDEAL

Uberaba, 20/04/1980

Querida Sidália,

Deus nos abençoe, concedendo a você e (...) todos os nossos, muita saúde e paz, alegria e bom ânimo.

A sua carta do dia 13 deste mês chegou, trazendo-me grande alegria. Saber que estamos com bênção do trabalho e com as forças precisas para os nossos deveres é muita felicidade para o coração.

(...) Sidália, gostei muito das notícias do Jacy e do Davi. Graças a Deus! É verdade. Passamos dias tão dolorosos em janeiro último que reconhecemos como tem sido grande a misericórdia de Jesus sobre nós. Sei que a nossa querida ausente está melhor e noto que, à medida em que ela assimila forças novas, também nós vamos melhorando. Estamos todos ligados pelo coração e a dor de um é o sofrimento dos outros corações que integram o núcleo da afinidade ideal, não é mesmo?

Creio que o avanço da construção do Abrigo deve dar muita satisfação ao nosso caro Jacy.

Imagine você como será reconfortante para nós vê-lo trabalhando, satisfeito, na obra que ele e a companheira sempre sonharam realizar.

Sem sacrifício para você em suas atividades, aguardarei as suas notícias da construção em andamento.

Antes de ontem, passei o dia lembrando o aniversário de nossa querida Tiquinha, pedindo aos benfeitores espirituais conduzirem a ela a nossa mensagem de amor e gratidão e pedi também a eles abençoarem a "Rouparia Infantil Maria Xavier" que está sendo iniciada. Comovi-me muito ao refletir na nova tarefa que você e o nosso pessoal estão realizando e, com as bênçãos de Jesus, havemos de ver muitas e muitas crianças vestidas pela memória de quem nos amou tanto e tanto nos ensinou a cultivar o bem.

Deus nos fortaleça e abençoe para que lhe possamos honrar o nome com o esforço construtivo que pudermos levar a efeito.

(...) Muito grato por sua confortadora carta. (...) sou o tio reconhecido de sempre.

Chico

IX – ESTRELA SILENCIOSA

EMPOLGADOS PELAS RECORDAÇÕES da filha de Maria Xavier prepa-
ramos algumas perguntas e acertamos nova visita, tendo o cuidado para não atrapalhar a rotina do casal Cornélio e Sidália.

Sidália, anfitriã amiga de sempre, recebeu-nos, acompanhada pelos seus "assessores" Lila, Neguinha e o barulhento Lepe,
para mais uma tarde de bênçãos. Todas as vezes que visitamos
o casal Sidália e Cornélio, sentimo-nos como um viajor cansado
adentrando uma pousada reconfortadora.

– Amiga vamos viajar no tempo? Conte mais sobre Maria Xavier, a nossa estrela silenciosa.

– Na linha sequencial do tempo volto ao início dos anos
70. A vida transcorria vagarosa e pesada. Meu pai já estava
aposentado, e a saúde de minha mãe inspirava cuidados.

David seguia alternando períodos de melhora com
outros extremamente aflitivos. Quando estava bem, era
companheiro, irmão, tio e amigo afetuoso e prestativo.
Nos dias penosos em que procurávamos por Sálvio, a
esposa e o filho recém-nascido, esteve presente e atuan-
te nas preocupações e iniciativas de toda a família. Amava os irmãos e os sobrinhos pequenos extremosamente.

Fazia uso de inúmeros medicamentos prescritos pelos médicos. Ainda assim, quando entrava nos surtos costumava ficar dias e noites seguidas sem conciliar uma hora sequer de sono e, nesses períodos, era dificílimo medicá-lo e assisti-lo.

Mesmo casados, irmãos e esposas, eu e meu marido procurávamos dar todo apoio possível aos nossos pais e ao irmão necessitado.

Paulo e a esposa, eu e meu marido, apoiados por companheiros incansáveis e fiéis à doutrina, já estávamos à frente das atividades da Casa do Caminho.

É necessário, porém, abrir espaço para falar mais sobre quem foi Jacy Pena, meu pai.

QUEM FOI JACY PENA

– Estrela que sabia ocultar o próprio brilho, era o Anjo da Guarda do lar. Enquanto minha mãe atuava no coletivo, em sua mediunidade de tarefa, era ele o amor em ação dentro de casa. Para que ela cumprisse seus compromissos espirituais, ele guardava o ambiente doméstico, zelando por Amauri, por David, por todos nós.

Guardava-nos debaixo de sua bondade que irradiava autoridade amorosa e em todos os dias de sua vida de mais de 90 anos exemplificou-nos as lições da simplicidade, do trabalho, da humildade e da "paciência edificante", como nos diz Emmanuel, através da bendita mediunidade de Chico Xavier.

Numerosas vezes, nos comovemos e nos assombramos com os exemplos de renúncia que lemos nas narrativas romanceadas sobre grandes espíritos luminares e deixamos de identificar aqueles que caminham rente a nós, presenteando-nos silenciosamente com uma vida rica de doações e de abnegação.

Ninguém, nos caminhos da existência, poderá alegar obstáculos intransponíveis para o próprio desenvolvimento intelecto-moral, porque Deus, em sua justiça e bondade, coloca próximo de nós alguém que possa guiar-nos numa rota de realizações elevadas e evolutivas. Basta ter "olhos de ver".

Com bondade e firmeza arrematou:

– Carlos Alberto, considero oportuno recordar e trazer para os nossos diálogos, dois documentos valiosos que retratam um pouco o amor que temos pelo meu pai.

O primeiro é um acróstico, dedicado ao avô Jacy Pena, de autoria do meu filho Ronaldo, aos 11 anos de idade, vencedor de um concurso, entre alunos, quando ele estudava na Escola Estadual Paula Rocha. O segundo é uma oração para um pai inesquecível, de autoria do meu irmão David Xavier Pena.

HISTÓRIA DE MEU AVÔ

V ontade de viver
O itenta anos de alegria
V erdade e sabedoria
O radinho sempre ao seu lado
J á vai ele comprar o seu pãozinho
A quele caminhar vagaroso
C ontente como sempre
Y última letra do seu nome! Até nisso ele é diferente

ORAÇÃO PARA UM PAI INESQUECÍVEL

Meu pai, alquebrado, cansado, me acalentou em seus braços leves.
Tornou-me um homem de fibra, forte e corajoso.
Era bom e humilde.

Com seus gestos de bondade e de amor, conquistou o mundo tão conturbado e abalado.

Ainda me lembro dele, com seus olhos verdes e ternos.

Meu pai, o seu amor, a sua simplicidade, as suas roupas iluminadas, os seus pés cansados, as suas mãos de uma beleza tão profunda abençoavam os meus cabelos já um pouco brancos, pela minha idade avançada.

Ainda me lembro do senhor segurando minhas mãos tão pequenas, mas as apertava firme e me conduzia para o bem das pessoas que me rodeavam.

Perdoa-me, se eu, às vezes, lhe fiz ficar triste e chorando.

Mas que saudade imensa me invade o coração tão cansado!

Mas que saudade, meu pai!

Deus, na sua infinita bondade o proteja, onde estiver, para que quando eu partir, eu o abrace com força e beije os seus cabelos brancos e belos.

A bênção, meu pai!

David Xavier Pena 05/09/98

Casa do Caminho

– Estou ansioso pelo desenrolar dos relatos sobre a Casa do Caminho, reduto de trabalhos intensos de seus pais.

– A Casa do Caminho, meu irmão, prosseguia em seus objetivos de viver a doutrina dos espíritos através do estudo e do serviço ao próximo. Por mais ásperas as dificuldades enfrentadas por todos nós, as atividades da casa sempre constituíram prioridade para nosso coração, que podia estar envolvido nas lutas mais amargas, mas sempre voltado para o compromisso moral que nos vinculava à causa espírita e à casa "do nosso" caminho.

Maria Xavier já não ia com tanta regularidade às reuniões, mas, dentro de suas condições físicas, psicológicas e espirituais, continuava atuando poderosamente no bem, pois sua palavra respeitável e influência elevada eram vigorosos estímulos às realizações edificantes.

E foi assim que um ideal abençoado pelo Céu surgiu nas fileiras da Casa do Caminho: a construção de um outro Abrigo, a "segunda versão do Abrigo Irmã Tereza de Jesus", em nova sede, aquele lá da década de quarenta, que não fora à frente na época.

Em relato o amigo Célio Leite conta que quando a ideia tomou corpo, ele e a esposa, Tereza Guimarães Leite, como sempre costumavam fazer, foram visitar o casal Jacy Pena/Maria Xavier, num domingo à tarde, com o propósito de expor a Maria Xavier o assunto da construção do Abrigo e ouvi-la a respeito.

Corria a segunda metade do ano de 1973.

Ventilando o assunto, Maria manifesta o desejo de orar num espaço que ficava nos fundos de sua casa e que fora construído com essa finalidade: servir de refúgio para as orações mais íntimas entre ela, a família e os amigos mais chegados.

Foram os quatro para lá e após as preces que seriam como um pedido de aprovação espiritual para o grande plano a ser executado, Maria diz que a construção poderia ser feita, dando o aval da espiritualidade para o empreendimento e encorajando os companheiros a darem início às primeiras providências.

O nosso processo educativo, tanto no campo individual, como no meio social, junto aos grupos onde estamos integrados é ainda lento e precário por conta de nossa própria indolência; mais atenção tivéssemos com os acontecimentos delineados em torno de nós como impulsos evolutivos, e nossa escalada rumo a novos patamares seria mais decisiva.

Logo em seguida aos primeiros entendimentos, quase de maneira natural, as responsabilidades no campo físico foram sendo determinadas e o que já estava planejado e encaminhado no plano espiritual sai do rascunho para concretizar-se em ações.

Diante das leis humanas, respeitáveis e dignas, há que considerar a supremacia da diretriz que vem do alto e, do celeiro misericordioso do Cristo brota na consciência dos mais idosos da Casa do Caminho a semente vigorosa da noção da responsabilidade diante da obra por fazer e, dando o exemplo, atraem os mais jovens para o serviço do bem.

E os primeiros passos na direção do "segundo"[17] Abrigo Irmã Tereza de Jesus têm andamento.

Assim como Joel Franco fora o mentor encarnado dos primeiros passos para o funcionamento da Casa do Caminho em sua sede própria em 1940, surge Oswaldo Flaviano[18], o gigante encarnado, que haveria de trabalhar, servir e lutar para a concretização da obra, até dar a própria vida física para que o teto de amor protegesse as irmãs em penúria na[19] finalização de mais uma etapa carnal.

E também para que este portal de luz se abrisse a quantos mais desejassem servir a Deus na pessoa do semelhante.

Entre os amigos, Célio Leite, Jacy Pena e Oswaldo Flaviano estabeleceu-se uma luminosa e potente vibração de trabalho que em breve contagiaria a muitos.

Ah! O bem.... Acreditássemos mais nele, e o quanto mais realizaríamos.

O grupo não perde tempo, e mais uma vez, aproveitando uma tarde de domingo, saem meu pai e Célio à procura de um terreno, muito embora soubessem da inexistência de dinheiro para adquirir um imóvel e da absoluta falta de recursos para se iniciar uma construção.

Guiados espiritualmente naquela tarde, conversam com um amigo que lhes indica próximo à sua própria residência, logo na entrada do bairro denominado Cór-

---

17. "Segunda versão do Abrigo Irmã Tereza de Jesus" é uma feliz expressão do amigo e trabalhador da Casa do Caminho, Célio Leite.
18. Oswaldo Flaviano desencarnou em 26 de dezembro de 1980, durante a construção do Abrigo, no depósito de papéis e plásticos, tentando debelar um incêndio.
19. A finalidade da nova edificação, "segunda versão do Abrigo", seria atender idosas necessitadas.

rego da Ilha, área bem central da cidade, um terreno todo alagado, coberto de mato e com uma plantação de milho abandonada. Esse amigo informa ainda que o terreno estava à venda e que era propriedade de um conhecido dentista da cidade.

Na semana seguinte, procuram o dentista em seu consultório, e ele confirma que realmente o terreno estava à venda pelo valor de vinte mil cruzeiros.

As primeiras negociações com o dono do terreno são feitas naquela mesma hora, solicitando dele um prazo para que o dinheiro fosse conseguido.

Naquela época, era prefeito de Sabará o senhor Hélio Geraldo de Aquino, companheiro de Célio Leite no escritório da Companhia Siderúrgica Belgo Mineira (atual Arcellor Mittal), onde trabalhavam juntos.

Surge a ideia de solicitar apoio da Prefeitura. Na sequência dos acontecimentos, o prefeito Hélio de Aquino oferece todo o empenho à iniciativa avisando que enviaria à Câmara Municipal um projeto de lei doando o valor de 20 mil cruzeiros à Agremiação Espírita Casa do Caminho (nome completo da instituição) para a aquisição do terreno. O prefeito sugeriu também que se fizesse contato com todos os vereadores para a aprovação do projeto, o que foi feito.

Sob a bênção do Céu e com a adesão do grupo humano envolvido, a votação acontece e todos os vereadores, sem exceção, votaram a favor da doação do valor pretendido.

A Casa do Caminho efetuou a compra do terreno, tendo sido o imóvel registrado em nome da casa em 20 de setembro de 1974. A área total do imóvel: 1.244 metros quadrados.

Manifestando o reconhecimento devido a todos que se uniram em torno do ideal de servir à coletividade.

Justiça seja feita a estes representantes do povo que não dificultaram o curso da ação beneficente; muito pelo contrário, deram o seu aval e o seu voto de confiança à Casa do Caminho.

Em 23 de outubro de 1974, foi a escritura lavrada e registrada no Cartório de Registro de Imóveis de Sabará sob o número 13.017, à folha número 118 do livro de Registro 3N.

Dado o primeiro passo, que foi a aquisição do terreno, era necessário prosseguir. A tarefa estava apenas começando...

De Oswaldo Flaviano partiu a ideia que traria a maior parte de recursos para a garantia da construção: a coleta de papéis velhos, principalmente dentro da Belgo Mineira, em Sabará, onde ele trabalhava, papel que seria vendido empregando-se o valor arrecadado integralmente na construção do Abrigo. Ele mesmo solicitou a autorização à Belgo Mineira, no que foi prontamente atendido (quando o propósito é regido pela confiança, a causa tem tudo para receber adesões).

Ficou acertado que ele faria a coleta de papéis velhos sem prejudicar seu trabalho na seção em que trabalhava.

O incansável Oswaldo trabalhava no alto forno, serviço duro e pesado; e já não era tão jovem. Após o horário de seu expediente percorria toda a usina. Contando com a ajuda de alguns companheiros, levava o papel recolhido para o lote do Abrigo, onde era feita a separação por qualidade.

Foram admitidos dois empregados fixos para que o serviço tivesse melhor rendimento e, também, mais companheiros da Casa do Caminho abraçaram a tarefa voluntariamente, com coragem e devotamento.

O nosso amigo Oswaldo, com quase nenhuma instrução formal, era um empreendedor nato.

Com os próprios recursos da venda dos papéis, adquiriu um guincho e uma prensa manual, equipamentos indispensáveis para que os fardos de papel fossem montados e carregados para o caminhão.

O próprio Oswaldo, nos dias de suas folgas (ele trabalhava em turnos), acompanhava o veículo à cidade de Contagem, até o comprador.

A coleta de papéis foi sendo intensificada e adquiriu-se uma caminhonete velha (velha mesmo!), para facilitar o trabalho.

Outros, além de Oswaldo, começaram a recolher papéis, como o próprio Célio Leite, meu irmão Paulo, os quais, sempre que podiam, pegavam a caminhonete e passavam pelo comércio da cidade.

Havia uma comunhão espontânea de auxílio na comunidade sabarense; donos e gerentes de lojas, farmácias e mercados, abriram suas portas para que se coletassem papéis, papelão, plásticos.

Alguns rapazes e adolescentes, familiares e vizinhos de Célio Leite aderiram voluntariamente ao esforço e eram presença constante no trabalho de recolher papéis.

Mais do que permitir a coleta de papéis dentro das dependências da Usina, a cooperação da Belgo Mineira em Sabará iria além. Tendo a antiga residência do diretor geral sido reconstruída, a Belgo doou para a edificação do Abrigo, todo o material da demolição, por sinal, de ótima qualidade, além das ferragens e madeiramento.

É interessante e necessário relatar que todo este material de demolição foi recolhido, organizado para o transporte e depois reorganizado, já no terreno do Abrigo para ser utilizado na construção, por voluntários da Casa do Caminho, entre eles meu pai e outros senhores, cujas idades variavam entre 60 e 70 anos.

Mas é bom lembrar que havia também jovens como o Robson Luiz Pereira Leite (um atleta de espírito e humor cristãos!). Conta-nos o amigo Célio que, certo dia, ao ser descarregado na construção parte de material doado pela Belgo, havia, entre as outras coisas, um poste de peso assustador; e o Robson, como era do seu jeito, advertiu: "Arranjem quatro para pegar uma das pontas, que a outra eu garanto!"

E diante dos serviços mais pesados, como furar uma cisterna para abastecer a construção, perfurar pontos para sondagem do terreno, era ele, Robson, o amigo e irmão que estava ao lado de Oswaldo; e também o padrasto de Robson, que conhecíamos simplesmente por Almeida, apesar do tempo que já eram frequentadores da Casa do Caminho.

A simplicidade dos bons não faz questão de títulos.

A par de tudo isso, no campo material, nas nossas reuniões mediúnicas, antigos diretores da Belgo Mineira, comprometidos com o fechamento e consequente mudança do primeiro Abrigo, nos anos 40 em Sabará, comunicavam-se conosco e hipotecavam seu desejo de reabilitar-se colaborando para que o novo Abrigo fosse erguido na cidade.

Minha mãe acompanhava os trabalhos da construção, mas já não tinha ânimo suficiente para participar na linha de frente.

Meu pai, porém, mesmo com as lutas domésticas, vivia e respirava serenidade e trabalho, fé e perseverança, entre as tarefas do Abrigo em construção, a assistência à minha mãe e a David, as campanhas do quilo, das quais participou enquanto pôde, e a distribuição semanal das cestas às famílias necessitadas, tarefa que exerceu por aproximadamente 30 anos.

Hoje, olhando sob um prisma mais ampliado, passados quase 40 anos do início abençoado da construção, e mais de 30 de pleno funcionamento da instituição, a visão adquire percepções antes não notadas no calor da batalha; vê-se agora que a cidade se uniu em mutirão para que o ideal do bem prevalecesse.

O devotamento da equipe e a credibilidade que a Casa do Caminho já desfrutava no meio da comunidade sabarense atraíam ajuda de toda parte.

Além da Belgo Mineira e do comércio, pessoas simples, donas de casa, toda a sociedade se esforçava para dar sua colaboração: juntavam papéis, plásticos (inclusive saquinhos de leite) e garrafas para coleta e doavam espontaneamente recursos, cuja somatória serviu para ajudar na construção.

Merece destaque o apoio que Oswaldo recebeu dos colegas que trabalhavam nos altos fornos, Aciaria, Laminadouro, Fundição, motoristas, porteiros, chefes, que tudo faziam para facilitar o trabalho do companheiro, sempre com o pleno conhecimento da empresa.

A rede de cooperação se estendia com engenheiros, que assinaram como responsáveis técnicos pelo projeto, gratuitamente, cuja planta foi elaborada, também sem custo, pelo desenhista e projetista (e também artista plástico) Juvenal Félix Correa, de Sabará.

Técnicos na área fizeram cálculos para a obra sem receberem por esses serviços. Empresas de grande porte emprestaram apoio para estudos de sondagem do terreno. É indispensável recordar, reconhecer, agradecer.

Era copista na Belgo Mineira o amigo Clayton Lino Magalhães, que guardava as sobras de grande quantidade de papel heliográfico, usado no desenho das plantas, para serem entregues a Oswaldo.

Uma das casas espíritas de nossa cidade homenageia este irmão, já que desencarnou bem jovem, e hoje dá nome à casa: Centro Espírita Irmão Clayton, situado no Bairro Nossa Senhora do Ó.

Mecânicos experientes e amigos (perguntem aos antigos da cidade sobre o "histórico" Calixtinho e sobre o afetuoso e digno Enock Machado) davam manutenção à velha caminhonete para que não deixasse de rodar, serviço que prestavam sem cobrar.

E o prédio, sólido e vistoso, surgia para alegria de todos nós.

Lembro-me, perfeitamente, de fatos marcantes que me impressionaram a memória emotiva e são inesquecíveis para mim. Por várias vezes, conduzindo pessoas para conhecerem o futuro Abrigo, as quais desejavam cooperar na construção da obra, eu encontrava Oswaldo no local, trabalhando. E quando íamos apresentá-lo às visitas, ele havia escapado "de fininho". Fazia o possível para não ser visto, apagando-se em meio aos materiais espalhados, confundindo-se em meio às obras em andamento.

Por vezes ficava na construção até as 18 ou 19 horas;

ia rapidamente em sua casa, que era distante, e à hora da reunião – às 20h – lá estava ele na Casa do Caminho, sorridente e calmo.

Oswaldo era médium passista e seu passe tinha uma característica observada por muitas pessoas: produzia efeitos de tranquilidade e calma e até estados de sonolência. Vários doentes acamados valiam-se do seu concurso para aliviar dores crônicas.

Quantas vezes, debaixo das aflições de nossa casa, com Amauri ou David, Oswaldo "surgia" de maneira providencial, auxiliando-nos com sua fé e serenidade.

Como encarregado do alto forno, colegas que trabalhavam sob suas ordens, testemunham sua bondade e seu exemplo de respeito e responsabilidade diante da empresa da qual era empregado.

Vale comentar dois fatos relevantes dos muitos que chegaram ao nosso conhecimento: certa feita um dos chefes da seção aparece pela madrugada e encontra um dos trabalhadores dormindo dentro de um carrinho de mão; chama Oswaldo e diz: "Mande fulano ao escritório amanhã que vou demiti-lo". E Oswaldo responde: "Não, não faça isso. Ele esteve doente (fato que podia ser comprovado) e ainda não se recuperou".

E o chefe: "Então está bem, deixe-o dormir".

Autoridade moral não vem por acaso. Conquista-se.

E o nosso Oswaldo Flaviano já a possuía.

Conta-nos também o amigo e trabalhador da Casa do Caminho, Antônio Sérvulo, de 61 anos, morador de Sabará, que trabalhou sob a chefia de Oswaldo, na turma de manutenção dos altos fornos, que o exemplo de seu superior era de tal nível, que até irritava algumas vezes os companheiros de serviço menos afeitos ao cumprimento do dever. Fosse de dia ou nos turnos da noite, as horas de trabalho dentro da usina tinham caráter sagrado para ele, que não se distraía nem descansava.

Alguém poderia indagar: ele tinha família? Era casado? Possuía um lar? Sim, chefe de família numerosa, era pai e esposo exemplar.

Provando um pedaço de broa, seguiu o curso da narrativa.

– Provas a caminho, Carlos Alberto.

– Imagino que sim...

– Paralelamente às tarefas do Abrigo em construção, a saúde de minha mãe debilitava-se cada vez mais, exigindo toda a nossa atenção. Entre as iniciativas que toda a família procurava tomar para a assistência a ela, eu e meu marido havíamos iniciado nos fundos de nossa casa a construção de um pequeno apartamento, e era nossa intenção trazer os três – ela, meu pai e David – para ficarem mais próximos de nosso amparo.

Eu e meu marido sempre nos esforçamos para cultivar um pensamento de harmonia em torno das necessidades comuns a nossos familiares, assim as dificuldades e enfermidades da família dele eram também minhas, e o mesmo acontecia, se o caso fosse o inverso, e assim, também, as alegrias.

Mesmo envolvidos na construção do Abrigo, nas tarefas da Casa do Caminho, na nossa própria vida familiar e profissional, minha mãe constituía, naquela ocasião, o foco principal de todos os cuidados da família.

Mesmo David passava tempos melhores, pois havia já alguns anos, tínhamos encontrado um psicanalista humano e capacitado, daqueles profissionais que honram o que fazem, e meu irmão vinha atravessando longos períodos sem crises, assistido por este eminente profissional.

A vida familiar girava em torno da saúde de minha mãe. Porém, seu abatimento e tristeza eram profundos, apesar de toda a assistência que recebia.

Em 1979, no dia 15 de abril, ela e meu pai completaram Bodas de Ouro. A família reunida, visitas, música. Ela cantou e tocou violão junto a Paulo, mas se percebia que a sua alegria era apenas superficial. E nós nos afligíamos intensamente.

Recursos espirituais eram mobilizados em seu favor constantemente.

Alguns meses após essa data, mais para o final daquele ano, o amigo e médico doutor Honório Armond sugere que ela passe alguns dias numa clínica que ele havia criado recentemente no Distrito de Roça Grande, para refazimento e repouso, o que ela aceitou de bom grado, tal a confiança que sempre depositamos nesse amigo já de longa data. Porém, a ansiedade que lhe tomava o íntimo não se atenuava, mesmo com o auxílio de medicação específica.

Distanciada das tarefas espirituais, das quais se foi desligando aos poucos, seu campo mental permanecia quase sem defesa. Embora estejamos incessantemente amparados pelos benfeitores espirituais, é necessário manter a sintonia com eles, para que tenhamos condição de nos apropriar das bênçãos de sua proteção. É o "vigiai e orai para não cairdes em tentação".

Meu pai desdobrava-se na assistência carinhosa; os filhos, noras, genro eram também guardiães de sua paz, buscando fazer o melhor e o possível para que Maria Xavier retornasse à alegria de viver.

A irmã Geralda Xavier, com o esposo Pedro e filhas, visitavam-na, trazendo apoio e compreensão.

Mesmo antes que ela fosse passar alguns dias na Clínica do doutor Honório, eu observava com a minha preocupação de filha que a situação para que meu pai cuidasse de minha mãe, de David, do lar, estava praticamente insustentável. As tarefas domésticas eram atendidas por alguma auxiliar, a alimentação dos três era minha responsabilidade, já havia bastante tempo, e as netas, quando podiam, prestavam-lhe carinho e companhia afetuosa.

Depois de breves dias instalada na Clínica para tratamento, minha mãe retorna, e eu consigo convencê-la a ficar em minha casa por alguns dias, para que eu pudesse assisti-la melhor; David e meu pai sempre vinham para as refeições, e assim estávamos todos reunidos.

Corria o mês de dezembro de 1979. Eu sentia o coração tomado de ansiosos presságios que não sabia definir.

Na véspera do dia 31, no dia 30 de dezembro, portanto, ela me diz que desejava passar em sua própria casa as horas finais do ano; que eu a perdoasse, mas que desejava ir embora.

Compreendendo a solicitação justa, providenciamos para que fosse reconduzida ao seu lar.

Daí a dois dias, mais exatamente no dia 1º de janeiro de 1980, enquanto o meu pai e David almoçavam em minha casa (ela não quis acompanhá-los, como sempre), vencida pelas ideias de solidão e menos valia, concretiza o autoextermínio, sem que nenhum de nós pudesse evitar o terrível desfecho para uma vida admirável e comprometida com o bem.

Meu irmão Paulo chega para fazer-lhe companhia e depara com o quadro que ela mesma relata detalhadamente na primeira mensagem que nos deu, menos de três meses após a desencarnação, pela mediunidade do seu querido irmão Chico Xavier.

Amparados por Deus e pelos amigos encarnados e desencarnados e amparando-nos mutuamente, a perplexidade não trincou o cristal de nossa fé.

Quatro dias minha mãe resiste às queimaduras que ela mesma havia provocado, sitiada pela influência perversa de mentes às quais se entregou vagarosamente, não sem antes ter lutado uma luta de gigantes.

Desencarna no dia 4 de janeiro, pela madrugada, aniversário de meu pai, acompanhada por amigos que nos estenderam as mãos, no Hospital João XXIII em Belo Horizonte.

Que dia triste! A mãe morta de maneira trágica. Naquele momento, ficamos sem saber como conduzir a entrevista. Desferimos uma pergunta para quebrar um pouco o clima tenso.

– E seu pai? Como reagiu?

– De meu pai partiu o exemplo decisivo para todos nós. Resignado, equilibrado, manteve a grandeza de alma, própria de sua maturidade espiritual.

Até David esforçou-se para suportar o golpe com equilíbrio, certamente sustentados que fomos pela fé cristalina que guiava o espírito de meu pai, consolados e encorajados pelos Amigos Espirituais da primeira hora da Casa do Caminho, cujos depoimentos lemos depois nas mensagens recebidas.

No dia seguinte ao sepultamento da minha mãe, a Casa do Caminho abriu-se normalmente para as reuniões semanais.

Do povo da cidade recebemos consideração e respeito pela memória de nossa inesquecível e amada mãe.

Abalados e cansados, bebíamos na fonte pura da bondade de Deus a força renovadora de nossas esperanças.

Meu pai e David deixam a casa grande e confortável e vêm para o pequeno apartamento que eu e meu marido havíamos construído. A vida continuava pedindo calma, trabalho e união. E foi o que nos manteve de pé: calma, trabalho e união.

Preocupada em cercar de consolo nosso pai e David, toda a família reuniu-se nesse esforço.

Meu pai, no entanto, continuava a dar-nos os mais elevados testemunhos de compreensão e aceitação, humildade e espírito de serviço; assim que pôde, retornou à sua posição de cooperador nas obras do Abrigo e, entre a assistência a David e os cuidados com o novo cantinho onde passaram a viver, ainda nos confortava com o seu bom humor constante, sua conhecida paciência e, à noite, durante a reunião na "Casa do Caminho", era meu companheiro inseparável à hora do compromisso de demandar o "caminho da casa". David ficava protegido no ambiente do nosso lar, tendo respeitada sua privacidade, mas debaixo da tutela e proteção de nosso cuidado.

– Esta doutrina é de fato consoladora, não é mesmo?

– Ai de nós, meu irmão, se não fosse o espiritismo! Não sei o que seria de todos nós.

– E as atividades doutrinárias, nesse período... Pode retratar?

– Com o maior prazer! Foi assim, sob o peso de duras provas que construímos nossa "casa sobre a rocha". Na Casa do Caminho, as tarefas prosseguiram normalmente: as reuniões públicas, as reuniões mediúnicas, o trabalho de passes, estudos, promoções.

A construção do Abrigo, já bem adiantada, reclamava recursos e mais recursos. Meu pai, nesse período, para não deixar as famílias assistidas sem a cesta de alimentos, muitas vezes tirava do pouco que ganhava para compor a cesta, porque, mesmo existindo a Campanha do Quilo, nem sempre havia o suficiente, e as obras do Abrigo consumiam todos os recursos que eram conseguidos.

Isto não era surpresa para mim, pois eu tinha conhecimento (minha mãe contava) de que, também, Oswaldo Flaviano fizera isso por ocasião das primeiras distribuições de Natal.

Porém, o ano de 1980 que havia iniciado com o golpe da desencarnação de Maria Xavier que de todos havia exigido força, fé e bom ânimo, traria outro intenso testemunho para as nossas fileiras de ideal e de trabalho ativo.

O mês de dezembro de 1980 transcorria quentíssimo e abafado. A rotina familiar e as abençoadas tarefas de cada dia ajudavam-nos a reerguer as forças e a manter o foco de nossos ideais e responsabilidades.

O Natal aproximava-se, e os compromissos na "Casa do Caminho" foram mantidos sem alteração. As obras do Abrigo corriam dentro do ritmo possível.

Na noite do dia 25, Natal, solicitei a meu marido levasse meu pai e David para uma visita ao lar de Oswaldo Flaviano a fim de distraí-los naquelas horas de penosas recordações para todos nós. Prontamente, meu marido aquiesceu, e foram levando também nosso filho pequeno; retornavam, algum tempo depois, reconfortados e felizes, depois de serem acolhidos afetuosamente no lar do nosso amigo, por ele e familiares.

No dia seguinte, 26 de dezembro, nas primeiras horas da tarde, chega-nos a alarmante notícia de que um incêndio de grandes proporções havia irrompido no depósito de papéis que ficava bem no fundo das obras do Abrigo em construção.

Corremos todos para o local onde a altura das chamas dava a ideia da situação. Os bombeiros não tardaram, mas a notícia mais triste seria aquela de que o nosso querido companheiro Oswaldo perdera ali, naquele incêndio, o veículo físico. Os fardos amontoados de papel e plástico prensados, com o calor, entraram em combustão espontânea e ele, por ali estar trabalhando, como sempre fazia, tentara extinguir o fogo e fora atingido por ele.

Nosso amigo, num resgate impressionante, perdera a vida física tendo o corpo totalmente carbonizado no dia 26 de dezembro de 1980, oferecendo-nos o exemplo inesquecível de lealdade e comprometimento com a obra de Jesus a que se propôs servir.

Mas, entre 4 de janeiro de 1980 e 26 de dezembro desse mesmo ano, datas das desencarnações de Maria Xavier e Oswaldo Flaviano, há que se abrir um largo e luminoso parêntesis.

Voltemos ao mês de janeiro de 1980 para abrir este parêntesis cujo conteúdo foi como uma ponte que nos ajudou a transpor o momento difícil que vivíamos.

Menos de duas semanas após a desencarnação de nossa mãe, Maria Xavier, em 4 de janeiro de 1980, meu irmão Françisco, com a esposa, Eunice, resolvem (naturalmente intuídos pela espiritualidade amiga) ir a Uberaba procurar nosso tio Chico.

David, animado, se dispõe acompanhá-los.

Cada um de nós, familiares de Maria Xavier, procurava manter-se com equilíbrio psicológico e espiritual nos labores de cada dia, mas a alma necessitava de um sedativo mais eficiente para acalmar nossas sofridas emoções.

Acolhidos carinhosamente por Chico Xavier, que lhes falou também do sofrimento causado pela perda da irmã, começa então a funcionar o correio espiritual que haveria de trazer-nos – a nós e a ela – o alento e a coragem de que tanto necessitávamos.

Entre 1980 e 1988 recebemos, pela mediunidade de Chico, nosso tio, 12 mensagens do espírito de nossa mãe e várias outras de amigos devotados, que, da espiritualidade, nos endereçavam palavras e sentimentos que nos socorriam e reanimavam.

Os princípios da doutrina espírita não nos deixaram à míngua de respostas, e o fio poderoso da mediunidade incumbiu-se de intercambiar notícias entre os dois planos, notícias que atuaram como bálsamo nas feridas abertas de nossa alma.

É interessante relembrar "o fim providencial das manifestações espíritas", que se encontra no livro *O que é o Espiritismo*, de Allan Kardec, questões 50 a 53, capítulo II. Especificamente na questão de número 53 está a afirmação: "As manifestações (espíritas) não são, pois, destinadas a servir aos interesses materiais; sua utilidade está nas consequências morais que delas dimanam". O que nos chama a atenção nas mensagens de minha mãe, além de detalhes desconhecidos até de alguns familiares, é o conteúdo que revela a grande força de vontade de seu espírito, "combatente pacífico da luz contra as trevas", mais uma vez, repetindo as palavras de seu irmão Chico Xavier na carta que escreveu para nós, datada de 27 de janeiro de 1980.

Aos poucos, mensagem a mensagem, nota-se o esforço consciente do espírito dela, o desejo de reequilibrar-se, a busca de reajustar-se diante da lei que ela havia ferido.

É necessário, aos que nos honram com a leitura desta história comovente, deter-se mais a fundo nos dizeres de cada mensagem para mergulhar nos ensinamentos morais que delas "dimanam".

Sair um pouco do cotidiano para ler e reler nas páginas destas mensagens (e até nas entrelinhas) as grandes lições de reconforto e de chamamento ao cultivo da paz interior, embora as lutas transitórias que nos colhem em cada reencarnação.

Ao passo que Maria Xavier foi vencendo a grande barreira de dor a que não conseguiu se furtar, nota-se em cada mensagem, principalmente nas últimas, entre 1985 e 1988, o seu elevado objetivo de oferecer-nos equipamentos morais de resistência para não sucumbir às influências nocivas do desânimo ou do pessimismo.

É certo que um espírito que doou tanto, por tanto tempo, merecesse acolhimento e ajuda para a própria reabilitação?

Mesmo assim, ao assisti-la, enternecidos e gratos, sabemos o quanto terá que continuar empenhando-se para reconstrução de seus próprios caminhos.

Embalados e reconfortados pelos encontros com Chico, em Uberaba, pelas visitas que nos fez em Sabará, pelas mensagens que nos chegavam, pelo carinho dos amigos e pela nossa união familiar, dávamos continuidade à vida.

– Analisando as mensagens de Maria Xavier e as cartas do tio, Chico Xavier, percebe-se o convite para o trabalho renovador.

– Sem dúvida. Era necessário finalizar a obra de construção do Abrigo Irmã Tereza de Jesus, já em fase de acabamento.

A equipe de companheiros, diante da ausência de um elemento do nível moral de Oswaldo Flaviano, sentiu-se mais responsável ainda no sentido de concluir a casa de tijolos e cimento que seria a seguir o lar que, em nome do espírito luminoso de Tereza de Jesus, abrigaria irmãs idosas e enfermas em condições de necessidade.

Passados os primeiros dias do abalo que nos causou a falta do companheiro, foram levantadas as demandas mais urgentes e empreendidos esforços no sentido de atendê-las.

Mais uma vez, dentro da coletividade de Sabará, encontramos a compreensão e cooperação indispensáveis. O conhecido construtor Romualdo Lopes se dispôs a fazer os baldrames (faixas de sustentação) a baixíssimo custo, e outro amigo, o senhor José Maria Alves, cidadão de bem, que sempre se ligou a empreendimentos de fraternidade e solidariedade humanas na cidade, usou de seus bons ofícios para que caminhões que transportavam minério para a Belgo Mineira trouxessem, da Mineração, terra vermelha em grande quantidade, sem custo, para aterrar a área externa do Abrigo.

No ano seguinte, 1981, no dia 31 de julho, o Abrigo Irmã Tereza de Jesus foi inaugurado com a presença de Chico Xavier, autoridades municipais e do povo em geral.

Após a inauguração, foi realizada uma reunião na Casa do Caminho, ainda com a presença de Chico, que recebeu mensagens de Joel Franco, o grande pioneiro da doutrina espírita em Sabará, e mensagem de Maria Dolores.

Nesse ínterim, Sidália mostra documentos valiosos, que abrilhantam ainda mais os depoimentos.

Oswaldo Flaviano

– É indispensável evidenciar a força do bem, exaltar o poder da união em torno de um ideal superior. Os que

traçam rumos, com seus exemplos poderosos de confiança e de amor, de trabalho e perseverança, atraem-
-nos para a vanguarda de luz.

A "Casa do Caminho" já ultrapassou sete décadas de laboriosa caminhada espalhando sementes do evangelho de Jesus nos corações.

O Abrigo Irmã Tereza de Jesus, em seus mais de 30 anos de funcionamento, ampliou-se, modernizou-se e é também uma vigorosa sementeira dos mais belos grãos, esforçando-se por "multiplicar os talentos" que lhe foram confiados por Jesus.

É necessário corresponder à bondade divina, mesmo com os minúsculos esforços que já somos capazes de realizar.

Agradecemos a todos que contribuíram para que a obra se tornasse realidade, desde as autoridades, cidadãos da sociedade sabarense. Nossa gratidão às pessoas anônimas que entrelaçaram mãos e pensamentos, confiando no projeto.

Enfim, seja em Sabará ou fora de nossa cidade, muitos continuam laborando em torno da causa do bem, sem rótulo religioso, que é a fraternidade legítima do entendimento e do trabalho.

Finalizo esse episódio, em meio à saudade, recordando-me de meu querido tio Chico Xavier por ocasião da inauguração do Abrigo Tereza de Jesus.

Depois de tudo acertado quanto à solenidade e acomodação, Chico, carinhosamente, fez dois pedidos que marcaram minha alma para sempre. Eram muitos os convidados que viriam de várias partes. Recordo-me dos amigos de São Paulo, de Uberaba, de Pedro Leopoldo, de Belo Horizonte e de outras cidades. Esforçamos para hospedar os convidados de Chico Xavier nos hotéis e nas casas de confrades. Quando tudo estava ajustado, meu tio, então, me pediu:

"Sidália... Gostaria muito, sem que ninguém soubesse, de ficar hospedado no Abrigo Tereza de Jesus, após a inauguração. Meu pedido tem um objetivo: sentir e receber as bênçãos dessa estação de amor e luz, que irá acolher aos nossos irmãos desvalidos".

Repasso duas cartas de Chico se referindo à inauguração do Abrigo Tereza de Jesus, para que sejam inseridas nos relatos que compõem esta obra, em face da importância histórica que elas encerram como documento.

DE CORAÇÃO PARA CORAÇÃO: PARECENDO UM SONHO

Uberaba, 9 de janeiro de 1981.

Querida Sidália, Deus nos abençoe.
(...) Creia que a minha ida até aí, no dia 2, está me parecendo um sonho.

Um sonho lindo e bom que me trouxe mais alegria de trabalhar e viver. O que você me conta da nossa visita ao recanto das lembranças últimas de nossa querida ausente é o que sucedeu comigo. Aquelas flores me pareciam estrelinhas brilhando. Quando crianças, a nossa querida Tiquinha e eu gostávamos de cultivá-las no quintal e dávamos a elas, o nome de "jurujubas". Mais tarde, nos disseram que essas flores são conhecidas por outros nomes. Vocês todos me perdoarão se chorei tanto. Ali, nós todos, junto às lembranças dela, a saudade era uma dor ainda maior que a de sempre, em meu íntimo.

Com respeito ao Abrigo, não me esqueço do dia em que ela e Jacy assumiram a direção do Lar Irmã Tereza, aí em Sabará, se não me engano em 1942.

A felicidade de nossa querida ausente era enorme, ao abraçar os primeiros velhinhos internados. Depois, por desígnios do alto, a obra se transferiu de cidade e notei que ela ficou sempre a desejar que o recanto dos velhinhos se reconstituísse. Estou certo de que esse ideal em nossa Tiquinha era um compromisso com ela própria e com as obras de Jesus. Agora, querida Sidália, estou igualmente certo de que devemos tudo fazer pelo Abrigo, não é?

Ela e o nosso Oswaldo nos auxiliarão. Peço a você dizer ao Célio, Cornélio e Paulo o que digo ao seu querido coração: "confiemos em Jesus e sigamos em frente!" Permitindo Jesus, a instituição será inaugurada no aniversário de nossa ausente-presente, a 18 de abril próximo. Tenho fé em Jesus que assim será. Procurei alguns amigos muito íntimos e tomei a liberdade de falar sobre o Abrigo. O resultado vai anexo. Alguns conheceram a nossa Tiquinha, outros a conhecem por nosso intermédio. Fiquei muito contente com o que Jesus nos envia através deles. Você, por obséquio, entregará ao Paulo e ao Célio a quantia obtida e sigamos para a frente com Jesus.

(...) um grande e saudoso abraço de coração para coração.

Chico

DE CORAÇÃO PARA CORAÇÃO: SE JESUS PERMITIR

Uberaba, 15 de julho de 1981.

Querida Sidália:

Deus nos abençoe.

(...) Se Jesus permitir (e rogo a ele me permita essa bênção), espero estar aí no dia 31 próximo para a inauguração da Casa que nos fala de modo tão alto ao coração. Deus me dará forças para ir, o que tenho pedido em minhas pobres orações.

Em minha companhia, ao que me prometeu, irão os amigos habituais:

(...) Você e Cornélio, Paulo, Neném, Jacy e Célio com outros companheiros me perdoarão se exponho aqui os meus pobres pontos de vista: Creio que, na inauguração, devemos situar os discursos e preces do esquema, sem nenhuma parte mediúnica, porque, pertencendo o Abrigo, de modo especial, à comunidade sabarense, será importante que a inauguração seja um ato de todos, a começar das autoridades de Sabará que compareçam. Nesse momento, creio que a união dos espíritas, dos católicos, dos evangélicos, dos participantes de outros credos e os irmãos ateus deva ser um entrelaçamento geral, sem demonstração particular de fé, não acham? Nesse instante, permitindo Jesus, espero estar presente na instituição, mas peço a vocês não me darem destaque nem a palavra, pois desejo estar em silêncio, lembrando intimamente a nossa Tiquinha e o nosso Oswaldo. Sei que não mereceria o que vou dizer, mas preciso prevenir o seguinte detalhe: rogo ao Célio e ao nosso caro Jacy não me convidarem para cortar ou auxiliar a cortar essa ou aquela fita inauguratória. Isso deve ser feito por alguma autoridade de Sabará, e o nosso caro Célio saberá orientar-nos.

Penso seja muito importante para o Abrigo convidarmos a Diretoria da União Espírita Mineira, em Belo Horizonte, para a inauguração: a Presidente atual, Maria Filomena Aluotto Berotto; Gercira de Lourdes Moreira Pena, que aí esteve comigo, lembra-se? Permitindo Jesus, iremos todos à noite, à Casa do Caminho, para o nosso culto de amor aos companheiros que construíram o Abrigo, não é? Terei muita alegria em me sentar com você à mesa e, se algum amigo espiritual quiser escrever por minhas pobres mãos, é com muita alegria que receberei essa bênção do mais alto. (...) Rogo a você receber o meu abraço de coração para coração.

Chico

– Quanto à solenidade, meu tio (Chico) solicitou ainda que não fosse convidado para qualquer participação que chamasse atenção do público, cabendo às autoridades da cidade atender o protocolo. Ele me disse que era apenas um familiar que estava participando da festa.

Sidália faz uma pausa, para concluir, com brandura.

– Julgo haver muitas coisas para lhe contar. No entanto, creio que falei o suficiente. Ademais, a quem interessaria conhecer essas histórias?

Peço, meu amigo, que você possa fazer com que essas memórias de Maria da Conceição Xavier e de Francisco Cândido Xavier sejam divulgadas para esclarecer e consolar, e, quem sabe, diminuir o sofrimento que campeia pelo mundo.

Que todos possam se fortalecer através do trabalho no bem, para que os obstáculos da vida sejam vencidos com fé, com esperança, e com muito amor.

Este é o meu desejo, como é o desejo de Cornélio, meu companheiro amado. Posso também afiançar que é o sonho de todos os meus irmãos, e de toda a família da Casa do Caminho, de Sabará.

Vai, meu filho, como um pássaro de Deus. Voe bem alto. Eu estarei orando fervorosamente por você. Tenho a certeza de que tanto minha mãe, como o meu tio Chico Xavier também o acompanharão nesta tarefa. Lembre-se destas preces nos momentos de dificuldades.

Por onde estiver, lembre-se que, independentemente do livro, você se tornou um amigo de nossa família. Pelo carinho com os Xavier, abraço-o como nosso familiar querido.

Diga para todos, quantos puder, que devemos nos unir em prol do evangelho de Jesus, para que o Mundo se torne uma morada da paz.

Um festival de lágrimas e abraços fulgurou naquele ambiente. Chegamos ao fim de mais uma etapa.

Diante de tantos documentos e de uma chuva de ensinamentos...

Quase sem fôlego, tomamos um café com leite, saboreando o último pedaço de queijo, beliscando um pedacinho de broa de fubá. Beijamos os dois benfeitores em despedida fraterna, brincamos pela última vez com as cadelinhas Lila e Neguinha e o barulhento Lepe.

Pelas estradas sinuosas, da secular Sabará, em direção do mais Belo Horizonte, bradamos para que todos ouvissem:

– Até breve, amigos! Voltaremos em breve.

VINCULADO PELO CORAÇÃO

Sabará, 2 de janeiro de 1981.

Visitando hoje a Agremiação Espírita Casa do Caminho, a cujas nobres tarefas, desde muito tempo, me sinto vinculado pelo coração, tenho a honrosa satisfação de consignar o meu respeito e o nosso profundo reconhecimento à generosa e progressista cidade de Sabará, não só por suas elevadas realizações em favor de nossa cultura, mas também pelo carinho e incomensurável bondade que devemos ao nobre coração de seu povo generoso e cristão, para quem rogamos sempre as bênçãos de Deus.

Chico Xavier

REGISTROS
PRECE GERALDA XAVIER

Prece feita pela Senhora Geralda Xavier Quintão, irmã de Maria Xavier e de Chico Xavier, na inauguração do Abrigo Irmã Tereza de Jesus, em Sabará, no dia 31/07/1981.

Deus de bondade infinita! Jesus Amado! Maria Santíssima!

Não sei como lhe agradecer a bondade e a misericórdia de ter me concedido a alegria de estar presente, pelo corpo, quando se realiza, nesta abençoada cidade, a inauguração do Abrigo Irmã Tereza de Jesus.

Jesus, rogo também que, nas vibrações desta singela oração, que todos os irmãos aqui presentes, bem como toda a família sabarense, recebam as bênçãos do vosso amor infinito em forma de paz, saúde e alegria, e que todos eles possam permanecer hoje e sempre guardados na mesma nobreza espiritual. Nós devemos a todos eles, Senhor Jesus, muito carinho e amor.

Que o Abrigo Irmã Tereza seja aqui na Terra um cantinho abençoado onde possamos encontrar sempre amparo, amor e carinho no entardecer de nossas vidas, rogando, também a Jesus, coragem e bom ânimo para os corações que militam nesta Instituição.

À nossa querida Tiquinha o nosso "muito obrigado", com as nossas alegrias neste grande dia. E aos seus filhos e à sua grande família espiritual, peço a Deus os abençoe!

Que assim seja!

MENSAGENS DE CHICO: INAUGURAÇÃO DO ABRIGO

Vejamos as mensagens psicografadas por Francisco Cândido Xavier por ocasião da inauguração do Abrigo Tereza de Jesus, na Agremiação Espírita Casa do Caminho, gentilmente apresentadas por Sidália Xavier.

Oração na Casa do Caminho

Integrados em pensamento na equipe dos obreiros de tua causa, que hoje militam na Casa do Caminho e no Lar Irma Tereza de Jesus, nós nos permitimos recordar a presença dos companheiros das primeiras horas na sementeira de amor e luz em nossa querida Sabará, salientando dentre eles, todos respeitáveis e queridos benfeitores e amigos, Paulo Franco e Francisco Cruz, no plano espiritual; José de Lima Géo e Olga Carvalho Géo, ambos em tarefas renovadoras no Plano Físico; Oswaldo Flaviano, Moacir, Maria de Lourdes Carvalho, Maria Xavier, Rubens Romanelli, Adília Franco, Amauri Pena e tantos outros, que se encontram em nossa companhia na vida maior e com todos eles, pioneiros das boas obras, batalhadores do bem, nos dias de agora, nós te endereçamos os nossos sentimentos de gratidão e de amor.

Agradecemos, Senhor, a nova oficina de mais trabalho que nos concedestes, a partir dos momentos de hoje.

Pouso dedicado especialmente aos amigos que se encontram no crepúsculo da existência terrestre, nós te rogamos, para que ensines a aceitar-Te e a interpretar-Te os desígnios.

Inclina-nos os corações, para a união fraternal, que cabe manter, de modo a sentir-Te, juntamente daqueles que nos envias na condição de teus hóspedes, aos quais devemos assistência e proteção.

No transcurso de nossas atividades, abençoa-nos com Tua paz, para que o entendimento e a alegria de auxiliar nos dirijam.

Ensina-nos a demonstrar agradecimento a todas as criaturas do caminho, que se nos façam portadoras desse ou daquele auxílio, dessa ou daquela migalha, que nos amparem o dever a cumprir, segundo os Teus desígnios misericordiosos e justos.

Em qualquer obstáculo, sê a nossa inspiração e o nosso apoio, a fim de reconhecermos que a humildade e a paciência em nós sejam garantia no serviço a realizar-se.

Senhor, fortalece-nos a coragem da fé e faze-nos observar, em todos os necessitados que nos procurem, amigos Teus que nos confias, de maneira a clarear-lhes a estrada e a aliviar-lhes os corações.

Que nós, todos os companheiros, encarnados e desencarnados, presentes e ausentes, possamos repetir o nosso reconhecimento e júbilo, que nos enriquece de esperança e nos ilumina a compreensão, conservando-te a bondade infinita, hoje, agora e para sempre.

Joel Franco

INAUGURAÇÃO DO ABRIGO IRMÃ TEREZA DE JESUS

(31/07/1981, Sabará MG)

Francisco Cândido Xavier, ao centro. À direita, sobrinho Francisco Xavier, filho de Maria Xavier, e, à esquerda, Sérgio, sobrinho-neto de Chico Xavier

Sidália Xavier e Chico Xavier

A chegada de Chico Xavier durante a festividade

Público à entrada da Casa do Caminho, antes da reunião pública na noite de 31 de julho de 1981

Reunião na Casa do Caminho. À esquerda, sentado (parcialmente encoberto), Chico Xavier psicografa

Chico psicografando. Mais ao centro da mesa, Maria Allouto, presidente da União Espírita Mineira, e Martins Peralva, vice-presidente

Médium lê mensagens psicografadas naquela noite

CARTAS DE CHICO XAVIER PARA SIDÁLIA – A RESPEITO DO ABRIGO TEREZA DE JESUS

Uberaba, 17 de janeiro de 1981.

Querida Sidália, Deus nos abençoe.

Recebi ontem a sua querida carta de 14 e agradeço a você pelo reconforto que ela me trouxe. Você tem razão. As minhas notícias últimas, em face do tamanho e da altura de minhas emoções na visita ao seu abençoado lar, no dia 2, a carta que enviei a você foi realmente rápida. É que eu voltei a casa, com as visões do Lar Irmã Tereza. Vi, lá, de relance a nossa querida ausente-presente, como a esperar por nós para que víssemos, todos juntos, a obra que ela ama tanto... Foi um relâmpago de contato espiritual e de amor, sem qualquer palavra; no entanto, bastou aquele momento para que os pensamentos dela me atingissem. Compreendi!... Como ficaria reconfortada sabendo-nos todos unidos na complementação da casa que lhe fala assim tão alto ao coração! Meu Deus, depois daquele instante, passei a ver todas as minudências da obra com o Jacy e com o Célio, refletindo em como poderíamos nós cumprir-lhe os desejos! Parecia-me ver o Lar, cercado de árvores amigas, à maneira de um templo de paz, funcionando em louvor de Jesus! Fiz muita força para não chorar... Em seguida, fomos ao recanto florido junto ao qual fizemos as nossas preces de gratidão a ela, que nos deu tanto amor! Reconheci-me entre duas forças: – o carinho mais profundo por ela e a tarefa que o seu generoso coração nos deixou.

Comecei a pensar na melhor maneira de agirmos. E daí a minha carta resumida para falarmos do Abrigo, na ânsia de ver o Célio, o Paulo, o Cornélio e você com o nosso Jacy, de braços entrelaçados na continuação dos serviços.

Nessas lembranças e propósitos, continuo a mentalizar a nossa necessidade de prosseguir nas atividades terminais da construção...

(...) Trabalhemos pelo Abrigo, e que Jesus nos proteja e nos abençoe. (...) grande abraço do coração.

Chico

Uberaba, 11 de agosto de 1981.

Querida Sidália: Deus nos abençoe.

Receber a sua querida carta da semana passada foi para mim um grande reconforto.

Voltei para cá, depois do nosso abençoado dia 31, com muitas saudades de vocês todos e só não volto aí mais depressa para rever e abraçar a vocês todos em vista de minhas impossibilidades, diante dos compromissos da vida e do trabalho espiritual.

Agradeço a você e ao nosso caro Cornélio, extensivamente a todos os nossos, pela felicidade que nos proporcionaram. O dia da inauguração do Abrigo ficou em nossa memória e em nossa gratidão para sempre. Espero em Deus que todos vocês estejam reconfortados e felizes com as tarefas crescentes e lindas em que os vi a todos.

A reunião na Casa do Caminho me emocionou profundamente. Deus recompense a você, ao Paulo, ao Jacy, ao Célio, ao nosso querido amigo José Rosa e a todos os amigos por todas as alegrias que senti. Quero dizer que você, Paulo e Neném, no Abrigo, me fizeram sentir emoções que a palavra realmente não traduz. Deus recompense a todos.

Nosso Prefeito e o nosso estimado Célio me sensibilizaram muito. Voltei, de alma renovada, para o trabalho.

Os nossos assuntos são muitos e como não desejo adiar as minhas notícias, envio a você e a todos os nossos o meu coração reconhecido. (...) Querida Sidália, com os nossos queridos Cornélio, Ronaldo, Natalina e todos os nossos, receba o meu grande abraço.

Chico

Uberaba, 21 de novembro de 1985.
(carta tratando sobre Abrigo)

Queridos Sidália e Cornélio: Deus nos abençoe.
Foi com muito reconforto que recebi o telegrama de vocês dois, referindo-se a notícias de minha saúde. Foi como se eu recebesse uma flor medicamentosa para alívio do corpo doente. Sidália, tenho feito força para escrever a você, uma carta mais longa, mas transitar na avenida dos remédios em que me encontro não tem sido fácil. Minhas dificuldades para a locomoção continuam crescentes; a angina com o calor dos dias últimos vive ameaçando crises, e os olhos me obrigam a ir reiteradamente a São Paulo para exames e medicações. Amanhã, dia 22, estarei saindo para lá e a luta prossegue...

Qual você e Cornélio podem verificar, pelo meu caso, compreendo que a obra meritória do Abrigo Irmã Tereza, amparando as velhinhas necessitadas de apoio (mesmo que possuam famílias), é das mais respeitáveis e belas que conheço. Proteger uma criança é um investimento para o futuro. Trabalhar pelos doentes é um apostolado de amor com a formação de amizades que talvez se façam para nós providenciais amanhã. Entretanto, acolher as velhinhas ou velhinhos, cuja companhia os outros (às vezes até mesmo os familiares) não mais desejam, é uma obra profundamente humana e cristã, porque os tarefeiros que a realizam estão agindo unicamente por amor a Deus, na pessoa do próximo. Falo nisso, querida Sidália, pensando em meu próprio caso: a locomoção está se fazendo mais difícil para mim e já não posso tomar banho natural pela impossibilidade de me levantar sozinho. Uso banhos de toalhas molhadas em álcool e água. A dor, ora menos intensa e de outras vezes mais agressiva e ameaçadora, da angina, é um fenômeno constante em tórax; as pernas, pela circulação deficiente, são dois suportes doloridos, principalmente quando me ponho de pé... Tantos são os achaques que me esperavam na idade presente que fico a cismar sobre a necessidade de se formar instituições dedicadas aos idosos ou super idosos, que andam por aí, contando somente com os amigos da solidariedade humana.

Peço a Jesus para que você esteja animada e feliz com esse trabalho benemérito de amparar a essas velhinhas que são filhas de Deus, às vezes complexadas pelos sofrimentos que atravessaram, mas que já contemplam o entardecer da própria existência de coração ligado ao amor de Deus. (...) um grande e saudoso abraço do Chico.

Os sobrinhos Paulo e Sidália acompanham a leitura das mensagens psicografadas pelo tio Chico Xavier

X – Amauri Pena

Vamos dar uma pausa nos diálogos e recordações.

Este capítulo dedicaremos ao filho de Maria Xavier, pois tudo que envolve o seu nome tem um peso considerável, que exige muito cuidado.

Iniciamos nossas considerações com uma mensagem do espírito de Verdade sobre a missão dos médiuns.

> Todos os médiuns são, incontestavelmente, chamados a servir à causa do espiritismo, na medida de suas faculdades, mas bem poucos há que não se deixem prender nas armadilhas do amor-próprio. É uma pedra de toque, que raramente deixa de produzir efeito. Assim é que, sobre cem médiuns, um, se tanto, encontrareis que, por muito ínfimo que seja, não se tenha julgado, nos primeiros tempos da sua mediunidade, fadado a obter coisas superiores e predestinado a grandes missões. Os que sucumbem a essa vaidosa esperança, e grande é o número deles, se tornam inevitavelmente presas de espíritos obsessores, que não tardam a subjugá-los, lisonjeando-lhes o orgulho e apanhando-os pelo seu fraco. Quanto mais pretenderem eles elevar-se, tanto mais ridícula lhes será a queda, quando não desastrosa.

As grandes missões só aos homens de escol são confiadas e Deus mesmo os coloca, sem que eles o procurem, no meio e na posição em que possam prestar concurso eficaz.

Nunca será demais eu recomende aos médiuns inexperientes que desconfiem do que lhes podem certos espíritos dizer, com relação ao suposto papel que eles são chamados a desempenhar, porquanto, se os tomarem a sério, só desapontamentos colherão nesse mundo, e, no outro, severo castigo.

Persuadam-se bem de que, na esfera modesta e obscura onde se acham colocados, podem prestar grandes serviços, auxiliando a conversão dos incrédulos, prodigalizando consolação aos aflitos. Se daí deverem sair, serão conduzidos por mão invisível, que lhes preparará os caminhos, e serão postos em evidência, por assim dizer, a seu mau grado.

Lembrem-se sempre destas palavras: "Aquele que se exalçar será humilhado, e o que se humilhar será exalçado."

O Espírito de Verdade[20]

Amauri Pena se destacava desde a sua infância pela sensibilidade e inteligência invulgar. Além de bom cantor, tocava bem o seu violão e não deixava a desejar na área poética. Teve uma juventude normal para um jovem do interior, sem muitas novidades, crescendo com os seus irmãos, recebendo orientação atenta de seus pais.

Seu tio, Francisco Cândido Xavier, a pedido dos pais de Amauri, também mobilizou amigos, de sua confiança, para auxiliar o jovem sobrinho no encaminhamento da vida. Pelo fato de a mediunidade de Amauri ter-se revelado desde a infância, os recursos para orientá-lo também entraram na pauta educacional.

A trajetória de Amauri nas lides da mediunidade não foi diferente da caminhada da maioria dos médiuns neófitos em es-

---

20. Allan Kardec – *O Livro dos Médiuns* – II Parte. Capítulo 31. FEB

piritismo. Frequência à casa espírita, tarefas e estudo. Iniciara a batalha interior entre a luz e a treva, o bem e o mal lado a lado, na esfera do testemunho. Inspiração dos benfeitores espirituais contrapondo a pressão inferior objetivando desviar o trabalhador do bom caminho.

A mediunidade em si é neutra. O portador de faculdade mediúnica, que escolhe dar-lhe fim útil, é desafiado a esforçar-se por acender luz interior, através do estudo contínuo e disciplinado da doutrina espírita e da vivência do evangelho de Jesus.

Futuro promissor é o que se afigurava ao iniciante exercício mediúnico de Amauri. Entretanto, na pauta de reencontros, de imantações e vinculações, em que a escolha é atributo intransferível, e a vontade fator preponderante, figuras infelizes se valeram de brechas encontradas. Em maior aproximação, envolveram-no em densas sombras. Parecia ter-se matriculado na "escola da ilusão", da qual advieram desastrosos resultados.

De sutil que era, no início, a influência crescia, levando-o a desviar-se de rota. Em paralelo, veio a instalação da doença. Silenciosa, mas progressiva e letal. O processo de Amauri, gradualmente, foi-se configurando suicídio lento, embora indireto. Desencarnou em lastimáveis condições.

Dor inenarrável para os familiares que fizeram de tudo para evitar o pior.

Oportuno recordar Allan Kardec, esquadrinhar as causas da obsessão em *O Livro dos Médiuns*, na 2ª parte, capítulo XXIII, em uma extraordinária abordagem sobre a gravidade do assunto.

Em tais circunstâncias, no rol dos efeitos desastrosos, ressalta-se o sofrimento do indivíduo, agravado pela participação de comparsas do além-túmulo e os dramas de familiares. No caso dos Xavier, o sofrimento não foi diferente daquele sentido pela maioria das famílias que lidam com esses dramas. O adágio popular se aplicou: ninguém adoece só.

A obsessão de Amauri acarretou dissabores imensos tanto para familiares como para aqueles que se apresentavam como benfeitores na Terra. Um destes, que lhe devotara muito amor, tornara-se muito conhecido, destacado. Referimo-nos a Francisco Cândido Xavier, seu tio, desde o início um inegável benfeitor. Pela imprensa, Chico foi alvejado por ataques feitos por Amauri, que, no ápice da obsessão, declarou ser fraudulenta a produção mediúnica do tio.

Calúnia e difamação! Vindo de dentro da própria família foi um duro golpe baixo, literalmente baixo. Organizações trevosas usaram o sobrinho, como fizeram anteriormente, no processo movido pela família de Humberto de Campos contra Chico Xavier e a Federação Espírita Brasileira, e no escândalo promovido pela revista *O Cruzeiro*, assinado pelos jornalistas David Nasser e Jean Manzon.

Oportuno ressaltar os incontáveis ataques sofridos por Chico durante o seu mandato mediúnico iniciado em 1927 até a sua desencarnação em 2002.

Em 1957, Amauri se tornou presa fácil. Doente espiritual, os feitos do sobrinho se tornaram motivo importante para Emmanuel, benfeitor de Francisco Cândido Xavier, promover a mudança do médium de Pedro Leopoldo para Uberaba.

Escândalo amplamente divulgado na imprensa da época, dor para o médium, que foi obrigado a deixar sua família, amigos e sua terra natal. Embora o médium e tutelado espiritual de Emmanuel disfarçasse o motivo real, alegando problemas de saúde, esse episódio marcou profundamente a vida dos familiares. E Chico Xavier teve de se adaptar à nova realidade e com ela viver por 43 anos, até a desencarnação.

Decorridas mais de seis décadas do escândalo, analisando friamente os fatos, podemos tirar algumas conclusões. Apesar das dores dos envolvidos, a mudança de Chico Xavier para o Triângulo Mineiro favoreceu amplamente a divulgação da obra coordenada pelo espírito Emmanuel.

Uma ponte foi construída, ligando Uberaba a São Paulo.

Complexo compreender a engrenagem divina; por isso, é natural ficar sem resposta em questões dessa ordem. Por que são permitidos os escândalos? A doutrina espírita pode responder. Enquanto o mal se resolve com o mal, o bem se apoia no tempo, e a misericórdia deságua no mar do progresso. As tempestades, por mais devastadoras, transformam para o bem da Natureza.

Voltando ao caluniado, o tio Chico Xavier perdoou o sobrinho, e amenizou o abalo causado na época em suas preces e no seu silêncio. Quanto a Amauri, arrependeu-se, ainda em vida, sem poder retratar-se. No entanto, sabemos que todas as feridas necessitam do remédio e do tempo para serem cicatrizadas.

Quanto à obsessão de que foi vítima, que a experiência de Amauri sirva a outros médiuns de aprendizado.

É de comover a postura dos irmãos, quando o assunto refere-se a esse período em que Amauri se tornou o assunto principal.

O diálogo toma forma de respeito e saudades. Os bons momentos superam a enfermidade. De fora podemos deduzir que fraternidade reina onde há amor, e quem amou, um dia, fatalmente amará na eternidade.

XI – Mediunidade de Amauri

No capítulo anterior, vimos a complexidade de causas e efeitos da obsessão. Agora abriremos ângulos relativos à mediunidade.

Verificaremos, a seguir, a parte produtiva da passagem de Amauri Pena.

Dotado de marcante veia poética e artística, Amauri inspirava vislumbrar um futuro promissor pela frente. Foi incentivado pelo tio Francisco Cândido Xavier e teve em Rubens Costa Romanelli o apadrinhamento, chegando a ser levado para residir em sua casa.

A essa época a produção mediúnica de Amauri Pena foi promissora. Sob a orientação de pessoas sérias, tornou-se instrumento para vários poetas do além-túmulo, dentre eles Camões, Tagore, José do Patrocínio, Olavo Bilac e outros parnasianos.

Da sua lavra mediúnica destaca-se *Os cruzilades*, ditado pelo espírito Camões, narrativa poética da história do descobrimento do Brasil.

Rubens Costa Romanelli

https://www.uemmg.org.br/biografias/rubens-costa-romanelli
http://biografias.netsaber.com.br/biografia-4045/biografia-de-rubens-costa-romanelli

Infelizmente, grande parte da sua produção mediúnica se perdeu, como ele houvera se perdido nessa sua última encarnação.

A doença do médium justifica, em parte, o motivo dos seus textos não terem sido amplamente divulgados pelo professor Rubens Costa Romanelli. Havia necessidade de proteger o jovem médium, e hoje depreendemos que foi mais do que isso.

Depois do escândalo, envolvendo o tio Chico, só a eficácia do tempo para favorecer que a história fosse recontada, oferecendo lições para futuros protagonistas de novos romances.

Eis uma das funções de *Do calvário à redenção* – resgatando o passado em tristes e belas histórias.

Em face das boas notícias que dão conta do soerguimento do espírito Amauri, no mundo espiritual, depois de longo período nas regiões de arrependimento e reparação, nada mais justo do que publicar sonetos da sua lavra, neste tributo dedicado àquela que foi a sua mãe, bem como a toda a família Xavier que aplaude o feito.

Ao nosso Amauri Pena enviamos nossas preces e nestas páginas deixamos nosso preito respeitoso à sua alma que, no mundo espiritual, prepara-se para as próximas lutas.

Ofereço a todas as mães de Sabará. E a Maria Xavier Pena.

O amor, o amor de mãe
Fecundo, intraduzível.
Para o descrever,
Conta uma lenda antiga
Que u'a mulher, vendo o filho crescer
Criminoso e ladrão,
Em prantos ajoelhou-se e, fervorosa,
O coração ferido, desgostosa,
Do próprio filho seu,
Pediu a Deus que a transformasse em pedra,
E Ele o concedeu.
Correm os tempos amargos. Eis que o filho
Seguindo a iníqua sorte.
Foi em dura sentença
Condenado à morte.
Era costume, então, matar o condenado
Deixando-lhe tombar sobre a cabeça
Uma pedra pendida
De uma corda fatal.
Era cortada a corda, e a pedra do suplício
Reduzia em uma massa informe o corpo
Do mísero mortal!
Chegara o dia, então, de executar-se
A bárbara sentença.
Ó leis divinas! Ó Deus, como é o destino!

A pedra destinada ao assassino
Era a sua própria mãe,
Que, alta, suspensa,
Pois pedra se fizera,
Aguardava o momento tenebroso
De aniquilar de um golpe
Aquele a quem a vida e o sangue dera.
Corta o carrasco a corda!
A multidão que cerca o trágico patíbulo
Solta um grito de emoção! Enfim
A cabeça no topo, o criminoso
Cerra os dentes, trêmulo, medroso,
Sentindo próximo o fim!
Deu-se, então, a cena formidável:
Antes que a pedra enorme o réu matasse,
Com um grito de angústia, amor e dó,
Num estertor, ela desfez-se em pó!

**Do livro *Os primeiros poemas*, publicado em 1949,
quando Amauri Pena estava com 16 anos.**

**Da esquerda para a direita: Cornélio, Sérgio (neto de Luiza Xavier),
Francisco, Maria Eunice, Chico, amiga de Chico, Gercira (Neném) e David**

Cartas de Coração para Coração – Amparados na Fé

Querida Sidália.
Deus nos abençoe.
Foi um grande reconforto a chegada de sua carta. Deus abençoe o seu carinho e a sua bondade para comigo. (...) Sabemos quanto nos dói o sofrimento de perder as criaturas mais queridas de nossos caminhos e continuaremos rogando aos nossos benfeitores da vida maior nos auxiliem a ver os nossos amigos amparados na fé em Deus e sustentados pela certeza na sobrevivência. Deus nos abençoe a todos.

Uberaba, 18/10/1980

Sidália Xavier, Cornélio (seu esposo), Sérgio (neto de Luiza Xavier), Francisco Pena, Eunice, Chico, Neném, Jacy Pena e David

XII – LAR BENDITO

O MÊS DE maio nos remete às mães, dádiva de Deus, amor celestial.

Nas vibrações ofertadas pelas comemorações do dia das mães, nada melhor do que voltar aos nossos colóquios com a amiga Sidália.

Propomos uma visita no Abrigo Tereza de Jesus, para que Sidália se inspirasse no ambiente e nos presenteasse com passagens da vida dos Xavier. Lar para idosos carentes que, no dizer de Chico representa uma das mais expressivas caridades.

Esse encontro acabou se tornando um dos instantes mais ricos, dentre tantos que nos trouxeram dádivas espirituais.

Naquela tarde o Abrigo Tereza de Jesus exalava alegria, consolo e elevação, motivando Sidália solicitar que nosso diálogo fosse no jardim central, em meio às flores, que enfeitavam a simplicidade reinante.

Casal Cornélo e Sidália, no jardim do Abrigo Irmã Tereza

Jamais imaginei que esse momento pudesse se caracterizar por tantas coisas boas.

– Sidália, muito obrigado por estar aqui atendendo nosso convite!

> – Meu amigo – *respondeu com bondade* –, eu quem agradeço pelo seu esforço na realização de um sonho. Maria Xavier e toda a família merecem uma bela homenagem e tenho convicção de que esse livro vai realizar esse sonho.
>
> E nada melhor do que conversarmos dentro da instituição que representa uma vida de entrega ao serviço com Jesus. Meu coração está apertado agora, como de outras feitas, por estar aqui, e hoje dialogando com você.
>
> Faço aqui, nesse jardim, as preces que aprendi com minha mãe e meu pai, por todas as irmãs que moram e outras que viveram aqui, e que ajudaram a escrever a história de nossas vidas.

Em especial recordo de meu tio Chico Xavier orando conosco nesse jardim. Foi sem dúvida um dos momentos que marcaram o Abrigo. Sem estender, posso até dizer que essas flores também se recordam – *finalizou descontraidamente.*

– Aproveitando esse momento tão agradável, gostaríamos de pedir que nos conte um pouco mais sobre sua mãe, os seus avós e os saudosos tios, com passagens que envolvam a família de Pedro Leopoldo.

Nesse momento, Sidália olhou para as flores, como se elas lhe confidenciassem algum segredo.

– Sim, meu amigo, com prazer.

Mil novecentos e sete. O século XX dava seus primeiros passos e os espíritos que chegavam à Terra nesta época pelas vias da reencarnação, iriam conviver com modificações profundas em todas as áreas.

A tecnologia, a medicina, o transporte, as comunicações sofreriam transformações impressionantes.

E foi neste quadro de preparação para significativas alterações na vida social do planeta que reencarna na tranquila Pedro Leopoldo, em dezoito de abril deste ano, numa família simples, Maria da Conceição Xavier que receberia depois o carinhoso apelido de Tiquinha.

Filha de João Cândido Xavier e Maria de São João de Deus era a sexta na sequência de nove filhos.

A infância não foi diferente do padrão tranquilo daqueles tempos. Apesar da escassez material havia o mais importante: o amor dos pais, a comunhão da prole numerosa, a religiosidade materna a reger a sinfonia familiar entre preces e conselhos, exemplos e trabalho.

Em suas narrativas espontâneas, minha mãe sempre deixava transparecer uma meninice alegre, com a escola de permeio, colegas de brincadeiras, convivência com a vizinhança e a mãe tomando a "tabuada" e os "pontos" da escola.

Referia-se ainda à música, que sempre fez parte do clã Xavier, narrando os encontros musicais da irmã mais velha Maria Cândida, que era conhecida como Bita, que tocava bandolim, com as amigas que tocavam outros instrumentos e semanalmente reuniam-se na casa da família para promover momentos de alegria, tocando e cantando.

Isto marcou tão intensamente sua alma infantil que um dos maiores prazeres de toda sua vida era tocar violão e cantar modinhas.

Das memórias da infância, entre as horas felizes, ficou a lembrança da dor maior: a perda da mãe em 29 de setembro de 1915.

Enquanto não eram entregues às madrinhas ou parentes para serem cuidados, os filhos de Maria João de Deus, ficaram aos cuidados de Carmozina, então com onze anos de idade, que passou a fazer o papel de mãe, já que as mais velhas já eram casadas.

A mais velha de todas, Bita, assumiu o cuidado com dois irmãos, Francisco (Chico) e Lourdes que foram entregues a ela pelo pai, João Cândido.

Minha mãe durante toda sua vida recordava-se do carinho e zelo da irmã Carmozina, com emoção e reconhecimento.

Maria da Conceição Xavier Pena aos 18 anos de idade

MARIA DE SÃO JOÃO DE DEUS

– Amiga, uma pergunta que não quer calar, o que pode dizer sobre sua avó, Maria de São João de Deus?

– Não se identifica espiritualidade superior e virtudes da alma pelo selo do rótulo religioso, posição social. Elevação moral é patrimônio espiritual conquistado pelas criaturas que se adiantaram no tempo, aproveitando as experiências reencarnatórias nos diversos cenários de aprendizado pelos quais transitamos na Terra ou em outros mundos de nível semelhante ao nosso.

Maria João de Deus era um espírito que já possuía muitas conquistas superiores.

De acordo com as palavras da minha mãe, Maria João de Deus casou-se aos treze anos, hábito comum para a época.

Nascida em Santa Luzia, Minas Gerias, em 1881, era filha única de Francelina Gomes. Não conheceu o pai. De índole humilde e pacífica na opinião dos filhos, e entre os que a conheceram e privaram de sua amizade, afiançam que seu natural era sereno, fervoroso e seu coração cheio de bondade.

Ainda nas palavras da filha Maria da Conceição, o respeito que sentiam pela mãe chegava a ser veneração.

Nas lembranças sobre os hábitos maternos, contava minha mãe sobre a oração do Ofício de Nossa Senhora, rezado aos sábados em família.

Essas narrativas de minha mãe eram coloridas por emoções tão vivas e belas que despertaram em mim o desejo respeitoso de conhecer esta oração, que, pronunciada pelos lábios de Maria João de Deus foi capaz de marcar de maneira inesquecível o coração dos filhos.

Em seus setenta e dois anos de vida na Terra, raro era o dia em que minha mãe não citava a figura materna, exaltando sua bondade e sabedoria; e nunca deixou de se emocionar quando falava da lacuna sem remédio que ficara no seu coração de filha de oito anos, sem compreender a orfandade.

Sugiro que você publique a palestra de Maria Xavier, proferida no Grupo Scheilla de Belo Horizonte, pois, nessa fala, minha mãe faz um depoimento muito rico sobre aqueles tempos.

Interrompemos a narrativa, para que Sidália atendesse pedido de uma trabalhadora do Abrigo. Enquanto isso, folheamos a palestra citada, que publicamos para o deleite do leitor amigo.

PALESTRA PROFERIDA POR
MARIA XAVIER

Caros companheiros!

Que a silenciosa paz do Mestre esteja conosco, para que possamos recordar algo de quem nos foi e é ainda tão querida, tão lembrada em todos os instantes da vida.

Não deixou de ser uma surpresa, para mim, o honroso convite de vir até vocês falar sobre Maria de São João de Deus, esse humilde espírito, do qual tive a felicidade de ser também filha nesta encarnação.

Maria João de Deus nasceu em Santa Luzia, no ano 1881, no Hospital João de Deus, o que deu origem ao seu nome. Esse hospital ainda existe nessa cidade. Era filha única e só conheceu a mãe, que se chamava Francelina Gomes.

Eu não conheci a minha avó materna, mas minhas irmãs sempre contavam que ela ouvia vozes e discutia muito, falando sozinha; brigava com alguém invisível e custava muito a dormir à noite, vigiando nosso sono. Hoje é que nós sabemos do que acontecia. Viveu com mamãe até desencarnar.

Maria João de Deus casou-se aos 13 anos de idade com João Cândido Xavier. Nessa época trabalhavam ambos na Fábrica de Marzagânia, distrito de Sabará.

Mamãe deixou uma semente de amor no coração de cada filho, pelas suas expressões de bondade e de simplicidade.

É pena que eu não pude conviver com ela por muito tempo, pois, quando desencarnou, eu contava com apenas 8 anos de idade. Mas, assim mesmo, eu recordo daquela criatura que soube ser mãe dedicada, esposa responsável e fiel, sem medir sacrifícios, mesmo nas fases mais aflitivas da nossa vida.

Vem-me à lembrança uma época em que papai lutava com muitas dificuldades para manter a família, e mamãe sempre acatava com um sorriso, ainda que fosse triste, as ideias e a vontade do chefe da casa. Tínhamos um pequeno armazém, que naquele tempo chamávamos "Venda". Para nós, na nossa ingenuidade, papai tinha uma venda e era negociante! E todo mundo ficava tranquilo, sem sequer pensar com seriedade nos compromissos que teríamos que assumir mais tarde.

Bem! Não vão acreditar muito em mim, pois, eu já disse antes que contava 8 anos de idade. Estava na Escola; quando chegava, comia, brincava, tinha muitas colegas e lá em casa todo mundo tinha uma obrigação, que precisava cumprir. Enquanto não cumprisse a tarefa marcada por mamãe, não podia brincar. As tarefas eram simples, fáceis de realizar, porque o lar era muito pobre, materialmente falando, mas sempre eu notei na minha infantilidade e mesmo agora eu me lembro que havia muita paz e nós todos tínhamos um respeito que era até veneração por Maria João de Deus!

Ela era calada, tinha uma fisionomia serena e muito tranquila; nunca vi mamãe reclamando, nem chorando, nem discutindo com papai ou com minhas irmãs maiores. Nos ensinava mais com exemplos do que com palavras. Pelo olhar com que ela recebia os nossos malfeitos, em silêncio ela imprimia tudo e para nós doía como uma chicotada no coração. Aquele que tinha sido repreendido, sentava num canto para estudar a maneira de aproximar do coração de Maria João de Deus outra vez.

Às vezes, quando ficávamos muito ressentidos, tristonhos, sem querer reerguer a cabeça, então ela vinha devagarinho, dava uma ordem para levar um recado a papai na venda ou a uma amiga e assim as mágoas de ambos (mãe e filho) desfaziam e tudo continuava normal.

Mas o que eu quero relatar mesmo é que papai resolveu mudar-se de Pedro Leopoldo, incentivado por um amigo, para um lugar chamado Lapinha e ninguém recusou, apesar das saudades que sentimos de Pedro Leopoldo. Lá ficamos apenas por seis meses[21]. Papai ampliou um pouco a vendinha, num cômodo maior, e a casa era também grande, e arranjamos alguns amigos. Lembro que papai nesse curto tempo foi festeiro do Mês de Maria e à noite saíamos todos para a Igreja, ficando mamãe sozinha tomando conta da venda. Uma noite, foram chamar papai às pressas na Igreja, pois mamãe tinha sido vítima de um grande desgosto por parte de um freguês e estava quase desmaiada. Nossa casa era iluminada por lampião e velas, pois no lugar não existia luz elétrica. Amigos socorreram mamãe, fecharam a venda, mas o abalo foi tão forte, que no outro dia papai começou arranjando as coisas para voltarmos para Pedro Leopoldo.

Dessa data para cá, mamãe foi adoecendo devagar; ainda viveu muito tempo, porém sempre doente e tristonha. Desencarnou aos 34 anos de idade, no dia 29 de setembro de 1915, deixando nove filhos.

Mamãe nos ensinou a orar e amar a Deus da forma que ela amava: trabalhando, sofrendo sem reclamar, cultivando o amor em nossos corações. Ela procurava ser compreensiva com todos; tinha muitas amigas, concordava com os vizinhos e nossa casa era sempre procurada por pessoas que gostavam de conversar com ela, pedir conselhos, ajuda, as mais das vezes espirituais. Conforme os conselhos que ela ia dar, eu recordo que gostava de ficar a sós com a pessoa, não consentindo que nós ouvíssemos os particulares que as amigas lhe falavam, pedindo ajuda. Nos pedia um copo d'água e quem estivesse na sala devia entrar e não voltar com quem trouxesse a água. Ao levar o copo para dentro, devia ficar também o filho que tinha se desincumbido do encargo.

Tenho outras irmãs que falariam mais sobre mamãe, pois conviveram mais tempo com ela. Raramente saía de casa, a não ser para a escola, ou para a Fábrica de Tecidos.

---

21. Esse fato passou desapercebido na biografia da família Xavier.

Então, elas aproveitaram muito o bom tempo que vivemos com Maria João de Deus.

Tenho uma irmã que mora aqui em Belo Horizonte, no bairro Nova Granada, Rua Joaquim Caetano, nº 746, e eu sugiro à Mocidade ir conhecê-la. Ela se chama Carmozina e nós a chamamos de Zina. Quando mamãe desencarnou, ela arcou com as responsabilidades da casa, razão por que não pôde fazer nem o 4º ano de Grupo. Cozinhava, lavava a roupa toda da casa, enquanto nós não fomos repartidos com os padrinhos. Enquanto deliberava tudo, Zina foi uma carinhosa irmã para todos nós; sofreu muito, era pequena e tinha 11 anos. Era fraca e doente. Uma tarde, todo mundo estava muito triste e Zina disse para nós: vamos rezar, porque ao meio-dia mamãe vem aqui em casa e eu vou provar a vocês que ela veio. Vou pôr um copo com água na mesa, um forro bem branquinho, e nós ficaremos na cozinha rezando baixinho, que ela vai beber um pouquinho da água. Aprontamos uma choradeira, com medo de a alma de mamãe aparecer.

Zina, apertada, falava: vocês não vão ver mamãe; eu só é que vou ver. Fiquem perto de mim. Aí deu o meio-dia. O coração da gente batia que até sacudia a roupa. Então começamos a ouvir um leve rastejar de chinelos no corredor! Ninguém tinha voz. Cada qual aproximava mais do outro, e Zina falava baixinho: vocês estão ouvindo? É ela. Todo mundo estava arrepiado, tremendo, mãos frias. Ficamos uns 10 minutos na expectativa. Fomos olhar o copo e de fato a água tinha diminuído um pouco. Em casa nesse dia estávamos: eu, Chico, Mundico, José e Zina; os outros estavam na fábrica trabalhando, e a menor de todas foi para a casa da irmã mais velha, que já era casada.

O nosso jantar era muito cedo – às 4 horas – e mamãe gostava de fazer crochê. À tarde, então depois que lavavam os pratos, sentavam todos os filhos em volta dela, num passeio que tinha na porta da rua. Ali brincávamos com as outras crianças, enquanto ela tecia; e de vez em quando passava algum amigo ou amiga, cumprimentava, parava um pouquinho, palestravam, e Maria João de Deus não nos perdia de vista. Não podíamos ir longe, a recomendação era sempre a mesma: "Brinquem só por perto, daqui a pouco vamos entrar". E a gente obedecia, porque, senão, entrávamos mais cedo.

Fazíamos os deveres de escola; ela tomava tabuada, pontos, ensinava o Pai-Nosso e todo mundo ia dormir.

Nossa casa era alegre muitas vezes! Minha irmã mais velha estudou música e tocava bandolim muito bem. As companheiras também tocavam outros instrumentos; reuniam lá em casa e toda semana a gente ouvia uma orquestra que fazia gosto.

Não sei se era isto que vocês gostariam de ouvir. Para mim foi um prazer falar sobre mamãe. Ela deve estar por aí, vendo o aperto que estou passando.

Eu agradeço de coração o que ela, papai e o espiritismo fizeram por mim. Pensando nela e em papai, procuro sempre o lado melhor das coisas. Tenho lutado muito comigo mesma, para ver se a gente consegue algum progresso. Tenho inúmeros cireneus na Terra e no plano espiritual.

Um abraço em nome de Maria João de Deus para vocês! E que esta Mocidade continue identificando-se cada vez mais com a sua mentora espiritual.

Palavras pronunciadas por Maria Xavier Pena à Mocidade Espírita Maria João de Deus, do Centro Espírita Oriente, de Belo Horizonte, em 20 de outubro de 1973[22]

Palavras do espírito Maria de São João de Deus para o filho, Francisco Cândido Xavier

Exerce o teu ministério, confiando na Providência Divina. Seja a tua mediunidade como harpa melodiosa; porém, no dia em que receberes os favores do mundo como se estivesses

---

22. RANIERI, R. A. *Prisioneiro do Cristo*. Editora Lake, 1ª edição, 1978. *Chico, diálogos e recordações* – O Clarim, 2017.

vendendo os seus acordes, ela se enferrujará para sempre. O dinheiro e o interesse seriam azinhavres nas suas cordas.

Sê pobre, pensando naquele que não tinha uma pedra onde repousar a cabeça dolorida e, quanto à vaidade, não guardes a sua peçonha no coração. Na sua taça envenenada muitos têm perdido a existência feliz no plano espiritual como se estivessem embriagados com um vinho sinistro.

Não encares a tua mediunidade como um dom.

O dom é uma dádiva e ainda não mereces favores do Altíssimo dentro da tua imperfeição.

Reflete que, se a Verdade tem exigido muito de ti, é que o teu débito é enorme diante da lei divina.

Considera tudo isso e não te desvies da humildade.

Nos tormentos transitórios da tua tarefa, lembra-te que és assistido pelo carinho dos teus Guias intangíveis.

Nas noites silenciosas e tristes, quando elevas ao Ilimitado a tua oração, nós estamos velando por ti e suplicamos a Deus que te conceda fortaleza e resignação.

A vida terrena é amarga, mas é passageira.

Adeus, meu filho!... Dentro de todas as hesitações e incertezas do teu viver, recorda-te que tens neste outro mundo, para onde voltarás, uma irmã devotada que se esforça para ter junto dos filhos, que deixou na Terra, o mesmo coração, extravasante de sacrifício e amor.

Maria João de Deus – *Cartas de uma morta* – **Psicografia de Francisco Cândido Xavier** – **Ed. Lake.**

Após um intervalo, em que entabulamos fraterno bate-papo, retornei ao assunto.

– E o seu avô, João Cândido?

– Minha mãe herdou do pai o gosto pela música, pelo violão, adquirido nos saraus domésticos e nas serenatas que eram feitas com João Cândido levando os filhos para cantar de casa em casa nas noites da pequena Pedro Leopoldo dos anos 20. E também nas folias de reis, nos presépios e coroações, onde sempre era requisitado como "festeiro".

E a memória prodigiosa de minha mãe recordava-se de dezenas de modinhas – com letras imensas, que eram cantadas nas serenatas. E ela lembrava-se também dos casos acontecidos durante as serestas. Em um deles, ela contava, que João Cândido, lá pelas tantas, entendeu de "invocar" um compadre já falecido. E em alta voz, repetia:

"– Compadre fulano! Você me faz muita falta para fazer a segunda voz; olhe, eu vou 'tirar' a música e você venha cantar comigo, viu?"

E iniciada a canção e os primeiros acordes de violão, João Cândido sentiu um sonoro tapa no rosto que foi ouvido por todos. A viola foi enfiada no saco, literalmente, e naquela noite a serenata terminou ali.

Recordo-me das idas a Pedro Leopoldo na companhia de minha mãe e meu pai para visitar meu avô, que residia com minha tia Luiza.

Na viagem, a famosa baldeação em General Carneiro, cuja estação foi demolida. No meu espírito ficou a lembrança, misturada de saudade e nostalgia da ida de trem para visitar o avô velhinho, que nos recebia sorridente e feliz, oferecendo-nos balas amassadas que tirava do fundo do bolso... Faleceu em 6 de dezembro de 1960.

João Cândido Xavier, a filha Doralice e o cachorro da família, Lorde

João Cândido Xavier, ao centro, com amigos

Primeira residência da família, em Pedro Leopoldo

– Recordamos de seu tio Chico falando da segunda mãe, Cidália Xavier. Por certo tem boas novidades sobre esse anjo que Deus enviou para substituir Maria de São João de Deus...

– Raríssimas vezes ouvi minha mãe referir-se a Cidália, mas o nome que a mim foi dado é um sinal bastante significativo, embora grafado de modo diferente.

Creio que a escolha do nome foi de meu pai, mas certamente contou com a aprovação de minha mãe. Vou explicar melhor. Recordo-me de ouvir meu pai repetir, às vezes, em tom grave e comovido: "Cidália, uma pessoa muito boa..." E podia-se escrever o que meu pai dizia. E é o que estou fazendo. Meu nome homenageia uma madrasta generosa, que ocupou a posição de segunda mãe, embora no cartório a escrivã registrasse Sidália, com S, o que eu lamento muito.

No meu sentimento vibram reconhecimento e afeto por este coração que nos deixou este exemplo de amor maior, casando-se com João Cândido em 1917. Exigindo ao pretenso consorte que aceitaria, se os nove filhos fossem reunidos em torno do seu coração.

Sempre observei, na relação de amizade de minha mãe com os irmãos do segundo casamento de João Cândido, o mesmo nível de afeto, em nada diferenciando da relação com os irmãos por parte do pai e da mãe, Maria João de Deus.

Isto era tão natural em nossa vida, que nós, os filhos de Maria Xavier, especialmente eu, a mais nova, não fazíamos qualquer distinção entre os tios e tias do primeiro ou do segundo casamento de nosso avô.

Não que houvesse uma convivência estreita, porque, residindo em cidades diferentes, cada família com os trabalhos da própria manutenção, criação de filhos e só mais tarde, bem mais tarde, foram despontando algumas facilidades, como condução própria, comunicação telefônica mais fácil e uma ou outra oportunidade de encontro dos irmãos, embora a vida pessoal de minha mãe, nas suas próprias palavras, tenha sido "a existência severa que Deus nos concedeu".

Na vida cotidiana, porém, notava-se nos sentimentos e expressões de Maria Xavier a mesma relação de carinho brotando na direção de todos os irmãos.

Jamais ouvi qualquer menção a algum familiar de Cidália Batista, pais, irmãos, parentes. O que sei é o que já foi dito e divulgado: o desprendimento com que ela reuniu e adotou, como seus, os filhos de Maria João de Deus.

E certamente não foi só o desafio de substituir o insubstituível: a mãe amorosa daquele grupo de sofridas crianças, pois, além dos próprios filhos que nasceram nesse período, das dificuldades materiais, ainda houve a responsabilidade do casamento de Carmozina em 1922 e de minha mãe em 1929.

Cidália Batista Xavier desencarnou em maio de 1931. Convido o leitor para adentrar esta passagem à luz das expressões poéticas de Francisco Cândido Xavier em carta endereçada ao nosso coração em agosto de 1985.

AGOSTO 1985

Recebi suas lembranças por Jacy e Cornélio, em Pedro Leopoldo, na data das despedidas de Luiza. Realmente, Sidália, senti muito a separação dela. Imagine você que, quando ela se casou, eu tinha voltado para a casa de meu pai por intervenção de minha segunda mãe, que tinha o seu nome, a nossa querida Cidália, mas trazia o meu corpo repleto de feridas, em vista das varas de marmeleiro que me eram aplicadas diariamente na casa de minha madrinha, a quem minha mãe, Maria João de Deus, me entregou e, por uns dois anos, estive nos tratamentos caseiros de banhos e pomadas, empregados pela paciência e bondade de Cidália. Vendo que o trabalho de minha segunda mãe era muito grande com o meu tratamento, pois eu era o único dos filhos de Maria João de Deus que voltara doente e ferido, quando Luiza se casou, ela pediu a Cidália me cedesse a ela por algum tempo a fim de me tratar. Cidália concordou e passei uns oito meses com Luiza que me aplicava unguentos, diariamente, até que as minhas feridas se fechassem. O meu retorno à saúde foi muito longo e laborioso. Daí nasceu a nossa união, que se fortificaria pelo tempo afora, em razão dos sofrimentos que nos aguardavam. Estas minhas lutas com o corpo ferido começaram em 1915 com a desencarnação de minha mãe. Cidália se casou com meu pai em 1917, e Luiza se casou em 1918. Tive feridas graves até 1920. Lembrar-me disso tudo me faz chorar muito e paro por aqui para não entristecer a você. Perdoe-me.

Cidália Batista Xavier

SAUDADE

Agradeço-te o socorro que me deste
Quando caí do conforto do ninho...
Beijaste-me no lenço de alvo linho,
Mas regressaste, cedo, à Luz Celeste...

Venho rogar em teu lar de cipreste,
Em que foste bondade, alegria, carinho
E o apoio da fé na secura do agreste,
Que serão luz e vida em meu caminho.

Estou no Além... Já procurei-te, em vão;
E seguirei, enfim, onde possa chamar-te,
Sempre com Deus em minha devoção...

Confio em ti, vida de minha vida,
Um dia, hei de encontrar-te, mãe querida,
Pela saudade atroz do coração.

**Mandato de amor – pelo espírito Luiz de Oliveira –
Psicografia Francisco Cândido Xavier. Ed. UEM
União Espírita Mineira**

–Tenho de lhe contar sobre os irmãos de minha mãe.
No entanto, convido você para tomarmos um cafezinho
com torradas, pois o assunto está nos deixando com
fome, não é mesmo?

– Grande ideia, para uma conversa mineira...
Com alegria rumamos ao refeitório. Distribuindo o lanche,
nossa incansável narradora falou dos seus tios.

– Mais que irmãos e irmãs, uma irmandade. Filhos de
Maria João de Deus e João Cândido, eram irmãos de minha
mãe: Maria Cândida (Bita), Maria Luiza (Luiza), Carmozina, José, Maria de Lourdes, Francisco Cândido (Chico),
Raimundo de Paula Cândido (Mundico) e Geralda Xavier.
De João Cândido e Cidália Batista, minha mãe teve
os irmãos: André Luiz, Lucília, Neuza, Cidália (Dália),
Doralice (Dora) e João Cândido Xavier Filho.
Espíritos reunidos pelos laços de sangue, cada qual
trazendo seus comprometimentos, mas unidos entre si
por vigorosa aliança, entretecida ao longo de séculos de
experiências vividas em comum. Vivência e convivência, algumas cuja intimidade vinha sendo construída e
trabalhada, com certeza, desde muito longe no tempo.
Embora sempre caminhando lado a lado, porém com
rumo convergindo para um ponto único, para uma
meta definida: a autossuperação.
As palavras de minha mãe em relação aos irmãos e
irmãs, embora a afinidade maior com alguns fosse visível, sempre foram tocadas de respeito e saudade.

Via-se claramente que a vida familiar com os irmãos, na infância e na mocidade, exerceu uma influência profunda em seus sentimentos pela vida afora.

Apesar da pobreza, dos conflitos gerados na natural construção do amadurecimento pessoal de cada um, o vínculo afetivo entre os irmãos superou todos os dramas e estremecimentos porventura havidos, para coroar-se numa união cheia de força, promissora de um futuro com mais largas e sólidas experiências evolutivas.

É impossível falar-se do raiar do dia sem referir-se ao sol; é impossível falar da história de Maria da Conceição Xavier sem referir-se à irmandade à qual ela pertenceu.

Se não importa, Carlos Alberto, já que terminamos o nosso lanche, vamos voltar para o jardim, pois o sol da tarde está muito agradável, e agora a prioridade são as nossas donzelas, que são as verdadeiras donas da casa.

Sorrimos e nos abraçamos na direção das flores, para lembrar da Rosa Mística de Nazaré, a nossa mãe Santíssima Maria de Nazaré.

Chico Xavier (jovem)

RECUERDO
(AO MEU IRMÃO FRANCISCO)

Ao deixar o meu saudoso lar para entregar os meus carinhos àquele a quem amo, é necessário que eu revele a saudade que levo de meu pai e de meus irmãozinhos.

Levo saudades de tudo, até das horas das refeições, quando ansiosos esperávamos a chegada do nosso pai para nos sentarmos à mesa.

E agora faltam apenas 33 dias para eu deixar este lar, onde encontrei durante 21 anos todo conforto para viver feliz, onde vivi passando bem rápidas as horas, que tão felizes me foram!

Vivíamos bem felizes, pois onde reina a paz de Jesus, o meigo e onipotente Pai, não poderá faltar nunca a alegria nos corações.

Vou deixar o meu lar, a minha viola que tantas vezes me consolou, os meus fados, mas, de tudo isso, só recordo de meu lar, pois, aquele que vai ser o meu esposo, é muito digno e me receberá com os mesmos carinhos que me são prodigalizados no seio de minha família.

Maria da Conceição Xavier
Pedro Leopoldo, 12-3-1929.

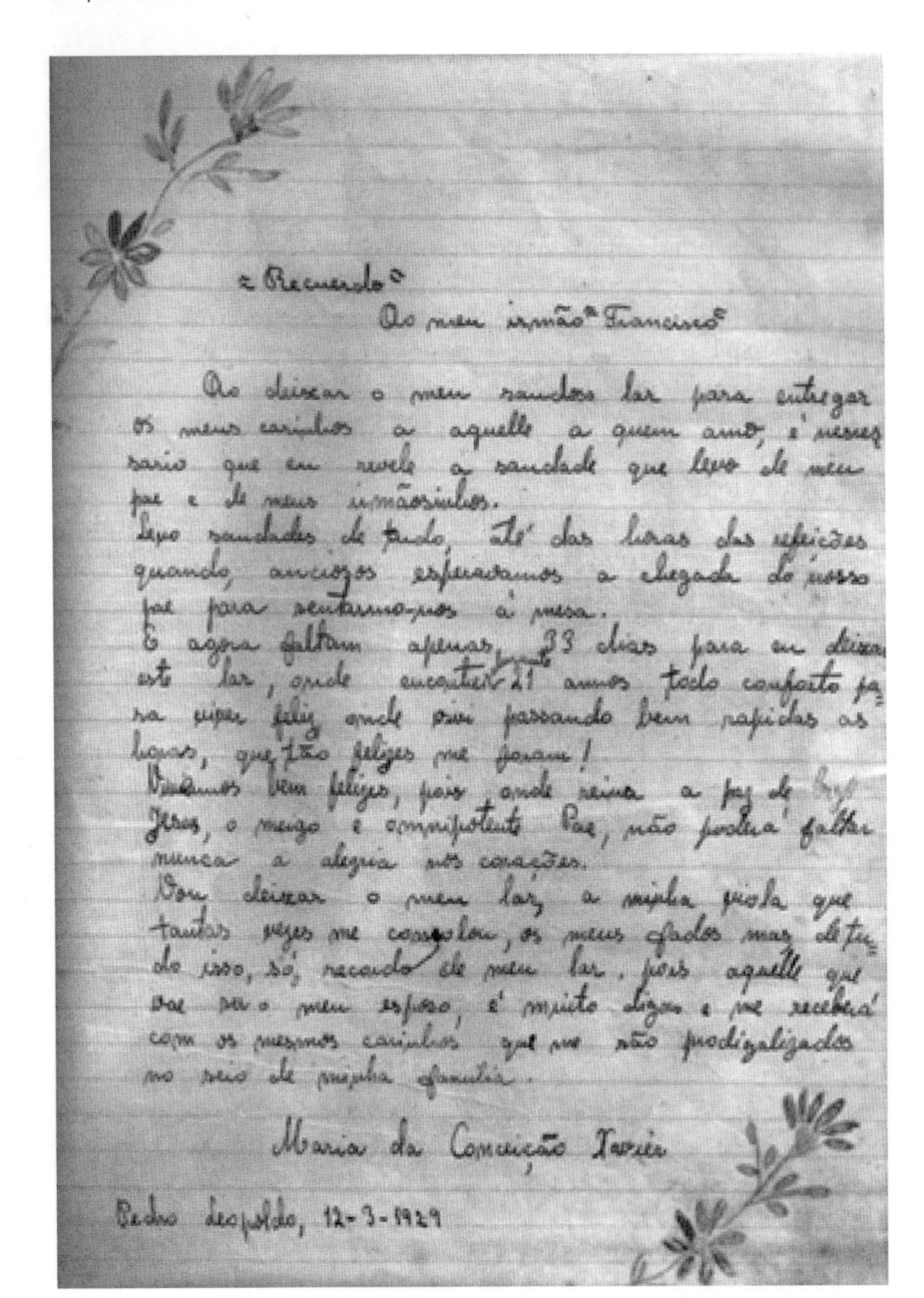

AO VIAJANTE DA FÉ

Vara o trilho espinhoso, estreito e duro,
E embora te magoe o peito aflito,
Torturado na sede do Infinito,
Guarda contigo o amor sublime e puro.

Martirizado, exânime e inseguro,
Ninguém perceba a angústia de teu grito.
Sangrem-te os pés nos serros de granito,
Segue, antevendo a glória do futuro.

Lembra o Cristo da Luz, grande e sozinho,
E, entre as sarças e as pedras do caminho,
Sobe, olvidando o báratro medonho...

Somente sobe ao Céu Ilimitado
Quem traz consigo, exangue e torturado,
O próprio coração na cruz do sonho.

Cruz e Sousa

(*Instruções psicofônicas*. **Psicografia de Francisco C. Xavier. Ed. FEB)**

XIII – Os tios de Sidália

VOLTANDO DO REFEITÓRIO, Sidália fez questão de apresentar as dependências do Abrigo Tereza de Jesus. Após apontamentos sobre a construção e os trabalhadores da primeira hora, sentamos novamente de fronte às flores...

> – Carlos, amigo! O assunto é extenso. Vou procurar falar dos tias e tias, rogando a Deus que não cometa injustiças.

MARIA CÂNDIDA XAVIER (BITA)

Maria Cândida Xavier, ou Bita, como era chamada, nasceu em 20 de junho de 1895. Foi a primogênita de João Cândido e Maria João de Deus. Casou-se, provavelmente, em 1915 (ano da desencarnação da mãe), com Francisco Rodrigues de Aguilar. Conforme narração de José Rodrigues de Aguilar, filho mais novo de Bita, ele era "fazendeiro, proprietário de grande extensão de terras de cultura, criação de gado leiteiro, porcos, engenho de cana para produção de aguardente, pomar com variadas árvores frutíferas, horta etc. Muitas famílias agregadas viviam e trabalhavam na fazenda".

Conta-nos ainda José R. Aguilar que sua mãe, após a desencarnação de Maria João de Deus, recebeu para cuidar os irmãos Chico e Lourdes, mas que Chico ficou pouco tempo, já que, apesar dos protestos e de muito choro, o pai resolveu buscá-lo e o entregar para a madrinha, Rita de Cássia.

A vida terrena desse espírito humilde e digno foi de muito sacrifício e lutas.

Narrava minha mãe que Bita, acostumada a uma vida simples, mas tranquila, rodeada de afeto, tocando bandolim e cantando nos saraus domésticos, depois do casamento passou a ajudar o esposo na lida da fazenda, abraçando as mais rudes tarefas, como: cozinhar para os trabalhadores, caminhar distâncias enormes diariamente para levar o almoço às lavouras, tratar de animais... Talvez por isso – segundo também relato de José – tenha perdido o primeiro filho, que viveu apenas alguns dias.

Após alguns reveses, o marido perdeu todo o patrimônio, e o que restou só foi suficiente para comprar uma casa velha, na cidade de Pedro Leopoldo. Os cinco filhos, acostumados à fartura e à segurança ao lado dos pais, foram forçados a trabalhar fora; as quatro moças adolescentes, na Fábrica de Tecidos, e José, o mais novo e único homem, aos 8 anos de idade, no Armazém de José Pedro Filho, frequentando as aulas pela manhã e trabalhando à tarde. O menino não tinha folga nem aos sábados e domingos, pois, aos sábados, era o dia do abate de porcos.

O marido, Francisco, conseguiu emprego na Fazenda Modelo, mas como não era efetivo, costumava ter o salário atrasado até por quatro meses.

Na década de 50, mudaram-se para Belo Horizonte, onde José já estava empregado e onde as outras filhas também conseguiram trabalho.

Foi entre 1960 e 1970 que a visitei algumas vezes.

Acamada, idosa e doente, era admirável na humildade e na resignação. Era assistida durante o dia pelo carinho da neta Maria Nelma, já que as filhas, uma casada, e as outras, ocupadas em seus empregos.

Recordo as palavras comovidas de seu filho: "Nossa mãe sempre esteve lado a lado com a família em todas as situações, sempre incentivando, transmitindo muita fé em Deus e na justiça divina".

Desencarnou em 1972, e a oração emocionada, na despedida da trajetória física desse espírito exemplar, foi feita pela irmã Maria Xavier. E, décadas depois, segundo me relataram em 2010, José e Marta, seus filhos, aquela oração de despedida ainda lhes vibrava na memória, pelo cunho de espiritualidade e amor fraternal vazados pelo coração de quem orava...

Maria Cândida Xavier

Maria Cândida Xavier e o esposo, Francisco Rodrigues de Aguilar (Chiquito)

MARIA LUIZA XAVIER

– Outra irmã de minha mãe que também nos merece muito carinho na exposição. Maria Luiza Xavier! Nascida em 1901 e desencarnada em 7 de maio de 1985, às 18 horas.

Era em sua casa, em Pedro Leopoldo, que visitávamos meu avô. Com ela morou também meu tio Chico, e acredito que a afinidade entre os dois era maior do que com qualquer um dos outros irmãos.

Enquanto a saúde de Chico permitiu, ele vinha de Uberaba a Pedro Leopoldo visitá-la e, nos finais de ano, no dia 31 de dezembro para primeiro de janeiro, era em sua casa que Chico recebia amigos para orar e confraternizar.

Não me lembro de muita coisa sobre minha tia Luiza, mas o que recordo faz parte daquelas lembranças que aquietam e acalmam o coração.

Sorriso largo, mas comedido, seus passos vagarosos, seus gestos mansos...

Porém, na tela de minha memória não se apaga a recordação daquela mesa farta para o café da tarde, que meus olhos infantis contemplavam extasiados, o paladar aguçado com sabor de novidade.

E, muitos anos depois, em alguns encontros com Chico no final do ano, ainda lá, no lar de Luiza, a casa cheiíssima de gente e aquela mesa sempre posta, sempre farta, sempre alegre...

Aprendi com a convivência com minha mãe e minhas tias algumas características comuns a todas elas: a alegria espontânea, a determinação inquebrantável na busca de seus objetivos e o amor entranhado a Jesus.

Na mensagem recebida por Chico, em 13 de julho de 1985, dois meses após sua desencarnação, Luiza relata com emoção os momentos finais do corpo físico, quando vê a mãe Maria João de Deus, em companhia de Cidália (madrasta) e mais algumas amigas que lhe presenteiam com um quadro luminoso de Jesus.

Na mesma mensagem, cita o irmão José, que é um dos que lhe prestam os primeiros socorros após a desencarnação.

A referência à mãe, Maria João de Deus, na mensagem referida, é a de sempre: Mamãe me afirma que tudo melhorará para nós e eu creio na palavra dela, que foi sempre certa.

Lindolfo Ferreira, esposo de Luiza, assinando o livro

Da esquerda para a direita: as irmãs Carmozina e Luiza. Ao lado, Nelson Pena – marido de Carmozina

CARMOZINA XAVIER PENA

– Sidália... Dentre as irmãs, qual foi mais próxima de Maria Xavier?

– Sem dúvida que foi Zina. Nascida em 13 de agosto de 1904, Carmozina Xavier Pena foi uma das irmãs mais chegadas à minha mãe, mesmo porque os maridos eram irmãos. Guardei com facilidade dia e mês do seu nascimento porque, nessa data, eu ouvia ano após ano, minha mãe repetindo: "aniversário de Zina hoje..."

Espírita e médium com múltiplas faculdades, teve o seu desenvolvimento mediúnico orientado também por José Hermínio Perácio e Carmem Pena Perácio, o casal que auxiliou no tratamento desobsessivo de minha mãe e orientou Chico nos seus primeiros passos dentro da mediunidade.

Carmem era irmã de Nelson e de Jacy, respectivamente maridos de Carmozina e Maria Xavier, e isto explica a proximidade do casal Perácio com os Xavier, obedecendo, com toda certeza, ao planejamento traçado no mundo espiritual.

Zina, como era conhecida, mudou-se para Belo Horizonte em 1939 e chegou a participar de reuniões com o irmão Chico, conforme nos informa sua filha Elma.

Dinâmica, devotada e fervorosa, criou na própria residência o "Grupo de Nelma", que não somente realizava reuniões de estudo do evangelho e de tratamento espiritual como também prestava assistência a famílias necessitadas, com doação de alimentos, roupas e brinquedos por ocasião do Natal.

Distribuição no Natal, na residência de Carmozina, em Belo Horizonte, bairro Nova Granada. Atividade denominada "Natal de Nelma"

Dos sete filhos que teve, perdeu quatro, dois pequenos e dois adultos. Conta-nos ainda Elma, que, por ocasião da desencarnação de Nívea, uma criança de cerca de 2 anos, sua mãe entrou em abatimento profundo, rogando a Emmanuel, guia espiritual do irmão Chico, um conselho, algo que lhe reanimasse o coração. Algum tempo depois, queixa-se a Emmanuel que não havia obtido nenhuma melhoria, e ele, através do médium, deixa-lhe o seguinte recado: "Zina, minha filha, você não está saindo da letra". E com a sabedoria e a capacidade de dar-nos grandes lições em poucas palavras, Emmanuel ensina-nos a todos que podemos, sim, pedir auxílio e socorro, porém, a parte que nos compete realizar não pode ser delegada a ninguém.

Entre os quatro filhos desencarnados estava Nelma, que partiu para a espiritualidade um ano após o casamento. Espírito humilde e nobre, ao perceber que partiria para a vida maior, rogou a Emmanuel, através da mediunidade do tio Chico Xavier, lhe desse uma oração para sustentar suas forças nos dias finais da romagem terrestre.

E, atendendo ao apelo, o generoso mentor escreve

por Chico o poema "Oração da Filha de Deus" [23], traduzindo os mais puros e elevados sentimentos daquela
que, em plena flor da mocidade, volvia à vida espiritual
em completa aceitação da vontade divina.

Oração da Filha de Deus

Meu Deus, deponho aos teus pés
Meu vestido de noivado.
Meus prazeres do passado
E as rosas do meu Jardim...
Pois, agora, Pai querido,
Somente vibra, em meu peito,
Teu amor santo e perfeito,
Teu amor puro e sem fim.

Ah! Meu Pai, guarda contigo
Meu cofre de arminho e ouro,
Onde eu guardava o tesouro
Que me deste ao coração.

Entrego-te as minhas horas,
Meus sonhos e meus castelos,
Meus anseios mais singelos,
Minhas capas de ilusão!...

Pai dos Céus, guarda a coroa
Das flores de laranjeira
Que eu tecia a vida inteira
Como pássaro a cantar!

Oh! Meu Senhor, como é doce
Partir os grilhões do mundo
E esperar-te o amor profundo
Nas bênçãos do Eterno Lar!...

---

23. *Lindos casos de Chico Xavier*. Ramiro Gama – 1ª edição – 1955 – Pág. 127

Em troca, meu Pai, concede,
Agora que me levanto,
Que a lã do Cordeiro Santo
Me agasalhe o coração!

Que eu calce a sandália pobre
Para a grande caminhada,
Que me conduz à morada
Da paz e da redenção!

– Que lindo poema!

– Reli centenas de vezes, e a emoção não se cansa de dar sinais.

E assim, em junho de 1944, partia Nelma aos 19 anos e partia-se também o coração de Carmozina, que dedicou à filhinha desencarnada o livro *Diário de minha alma*.

Segundo informações do orientador Emmanuel, os quatro filhos que retornaram ao mundo espiritual, deixando um grande vazio no coração materno, eram espíritos profundamente afins à mãe e de lá velariam por suas forças aqui na Terra. Isto ficou comprovado no decorrer de sua existência, quando, através das suas próprias faculdades mediúnicas, sentia de perto a assistência e o afeto dos filhos que a precederam na grande viagem.

Por fim, também me recordo da prece recebida por Francisco Cândido Xavier após a desencarnação de Nelma em 1944, que diz assim:

Guarda, Senhor, as joias que me deste
São pérolas de luz, do Lar Celeste.
Guarda tudo, de novo, em tuas mãos!
Mas se é possível, meu divino amigo,
Dai-me a alegria de viver contigo, a sós,
Contigo, no meu coração!...

Casimiro Cunha

– Esta prece retrata o sentimento da mãe entregando de novo os filhos ao lar espiritual.

Podemos finalizar com as palavras de seu bisneto, Matheus: "Zina desencarnou em 12 de janeiro de 1975, não sem antes ter plantado no coração de seus descendentes, e de todos que com ela conviveram, seus exemplos de fé, persistência, caridade e resignação".

Carmozina Xavier

Foto com dedicatória de Nelma para o esposo

Para apreciação do leitor amigo, apresentamos algumas preces feitas pela mãezinha sofrida que se despede de Nelma, sua filha querida.

NOS PÉS DO MESTRE

Jesus Amado! Quanta verdade, Senhor! A joia que devolvemos às suas mãos está brilhando na estrada do meu destino, dando-me a alegria de viver, dando-me forças para prosseguir sempre dentro das minhas lutas, dentro de meus belos dias de resgate terreno! Como me sinto feliz, oh meu Jesus! Os filhos que me concedestes são, para o meu coração, joias preciosas que dão descanso à minha alma, que adornam silenciosamente o meu espírito, que tem sede de aprender, sede de educar-se para servir ao evangelho de Cristo Senhor Jesus!

Que linda é a vida quando temos a certeza de que Jesus está velando por nós! Que linda é a vida quando divisamos os olhos do Mestre apontando-nos o caminho a seguir! Senhor Jesus, dai-nos a força e o conhecimento necessário para perdoar os ingratos, se esses passarem pela nossa estrada.

Sim, Mestre... Dai-nos a alegria de viver para o vosso amor, para a vossa vontade, porque só assim poderemos servir à humanidade. Jesus, eis o meu coração agradecido! Em silêncio viverei convosco, aprendendo a servir, na terra sagrada onde procurarei fazer florescer os frutos do amor divino.

Jesus! Sois o maior segredo de toda a minha vida. Só vós, Mestre amado, podeis nos dar a força necessária para cultivar a felicidade na Terra, tão cheia de preocupações quando não temos a fé necessária para vencer.

Confio no meu Jesus, esse Mestre amado que ninguém terá poder de arrancar do meu coração, assim como ninguém terá poder para arrancar-me de seus braços. Sim, Mestre, quero-vos com todas as forças de minha alma.

Amo a vós como jamais eu consegui amar em minha vida!

Vejo-vos, meu Jesus, no olhar dos meus filhos, que me trazem constantemente o carinho do vosso amor sublime e grande. Senhor! Abençoai as criaturas que passam no meu caminho, pois cada uma dessas criaturinhas me tem trazido a luz do vosso reino; todas me têm ofertado o estímulo para caminhar sempre para o vosso plano de bondade, de carinho e de compreensão.

Abençoai, Senhor, a minha vida, que foi de solidão antes de vos encontrar dentro de mim mesma, e que, agora, possuindo esta riqueza, sinto a felicidade imorredoura do vosso santo Reino!

Mestre amado! Santificado sejais em minha vida para todo o sempre!

Que assim seja!

Mais uma vez eu vos peço: abençoai a nossa reunião espiritual, que se transferiu de posto para Nova Granada, sendo hoje o primeiro encontro dos nossos corações!

Ajoelhada, a minha alma vos pede a bênção!

Zina
Rua Joaquim Caetano 746 – 19/01/1959

ORAÇÃO PARA A FILHA

Nelma, filha da minha alma. Nelma, filha do meu amor. Deus te abençoe muito! Te ilumine cada vez mais, para que possas sempre guiar os meus passos, através das minhas pequeninas lutas!

Sim, filhinha, digo pequeninas porque tendo-te ao meu lado não posso desejar mais nada, a não ser agradecer ao Pai que está no céu, revelando, em minhas ações, a satisfação de tê-Lo como o Senhor de tudo e transformar o nosso agradecimento em dádivas de amor na estrada do nosso destino, para que sejamos perdoados pelas ofensas que Lhe fizemos em vidas anteriores...

Não me abandone, filhinha. Ajuda-me! Ensina-me a orar, ensine-me a confiar no futuro, ensina-me a dizer, com o coração cheio de confiança em Deus, que amanhã é outro dia; que o Sol no amanhã será outro e vai trazer-me tudo o que eu necessito para vencer. Não me esqueça em suas orações, minha Nelma! Ajuda-me, como sempre o fez! Deus é bom e misericordioso e ouve a todos nós e principalmente a ti, que és a minha vida, que és tão meiga, tão devotada ao serviço de Jesus!

Que a nossa mãe Santíssima nos abençoe nesta hora santa e bendita em que as nossas almas procuram o contato com os mensageiros divinos que vivem além da Terra.

A Terra é divinizada também para mim, porque é ela que me tem ensinado a buscar Jesus nas paragens celestiais do seu amor! Deus nos guarde....

Zina
30/11/1959

DIÁLOGO DO AMOR

Nelma! Minhas orações de todos os momentos! Nelma! Minha fé e minha esperança!

Que Jesus, na sua infinita bondade, lhe recompense a proteção imerecida que você me traz sempre, doce companheira de minha existência!

Sinto que sou rica de felicidade quando você está ao meu lado e quando se vai, para cumprir o seu dever de caridade em outros lugares.

Eu continuo cultivando essa felicidade que experimento ao seu lado e me esforço contente no resgate das minhas dívidas terrenas, porque estou sempre esperando você novamente e quero que me encontre sempre satisfeita com a vida, mesmo lutando.

E quando me lembro de que a qualquer momento a sua presença se faz, tenho forças para vigiar a mim mesma para não cair em tentação, pois não quero, não posso consentir que você se envergonhe desta que foi sua mãe pela carne!

Como foram ditosos os dias em que tive você ao meu lado! Porém, hoje, sou mais ditosa ainda, porque você voltou, novamente, e mais resplandecente do que nunca.

E se você não partisse para o Além, talvez o sofrimento estivesse no meu caminho. Porém, Deus tem tudo nas mãos para nos fazer felizes, quando compreendemos que a felicidade não é deste mundo.

Portanto, minha Nelma, aqui está sua mamãe lutando sempre para vencer. Por isso, peço-lhe não me deixe desanimar até o último momento de minha vida na carne!

Olhe-me muito, Nelma! Nunca se esqueça de mim! Oremos a Deus para que Ele nos ajude sempre!

Sua mamãe,

Zina
22/02/1960

PRECE DE AGRADECIMENTO

Deus! Abençoe a minha alma!

Deus! Abençoe o meu corpo!

Abençoe esse corpo que serve de abrigo ao meu espírito! É esse corpo que me tem dado as grandes e belas oportunidades de aprender dentro das lutas de cada dia.

Abençoada tem sido a minha vida, Senhor, porque a minha alma tem procurado a Luz do Vosso Amor nos passos de todas as criaturas que param ou atravessam o meu caminho.

E que doce e suave harmonia sinto quando consigo ter forças para prosseguir em silêncio, em oração, em resignação que, muitas vezes, se transforma em grande felicidade para o meu espírito.

Porque são nesses momentos, em que procuro educar a minha alma, que me encontro com Jesus, o grande nazareno, com o seu olhar cheio de ternura, apontando-me a estrada que a todos levará ao seu reino de paz e de glória divina!

A vida é bela em qualquer parte, Senhor, desde que tenhamos a certeza de estar sempre junto de vós, porque, assim, as forças espirituais nunca nos faltarão, principalmente nas horas necessárias à nossa peregrinação, para vibrar refletindo a vontade de Deus.

Ensina-me a ter alegria com a vossa vontade, Pai, seja ela qual for, pois tenho a certeza de que a vossa misericórdia será sempre a nossa eterna companheira.

Deus! Assisti-nos em nossa oração e fazei com que só a vossa vontade impere em nosso meio. Queremos ser bons e nada mais.

Que a vossa bênção caia sobre as nossas consciências! Sua filha,

Zina
28/12/1959

PRECE DO SILÊNCIO

Jesus! Que dizer-vos, meu amado Mestre? Não tenho encontrado mais palavras para dirigir-me a vós...

Mas, sim, o meu silêncio cheio de amor, cheio de felicidade que o seu Reino me tem oferecido em todas as horas, mesmo nas mais difíceis que tenho passado...

Oh! Jesus... Recebei o meu esforço santo, recebei o meu desejo ardente de agradecer-vos a misericórdia, de acréscimo que tendes derramado sobre o meu espírito e sobre o meu corpo.

Jesus! Ficai comigo para todo o sempre...

Não deixai que eu guarde ressentimento de ninguém, na minha passagem pela Terra! O meu espírito deseja partir em paz, para encontrar a paz.

Mestre... beijo os vossos pés!

Mestre, agasalhai o meu coração sob a vossa túnica de luz!

Recebei o silêncio de minha alma que canta em prece para agradecer-vos tanto amor.

Vossa serva,

Zina
11/01/1960

Nelson Pena e Carmozina

Carmozina Xavier Pena e o esposo, Nelson Pena – irmão de Jacy Pena

Carmozina em uma distribuição do "Natal de Nelma"

JOSÉ CÂNDIDO XAVIER

– Amiga, pedimos que fale de José Xavier, grande parceiro de Chico.

– Não conheci José, pois desencarnou antes de 1940. E eu nasci em 1945. Porém, a ausência física desse irmão não o afastou da memória de minha mãe, mesmo porque o vínculo continuou estreito, sendo que José também era casado com uma irmã de meu pai, Geni, que padecia de crises obsessivas periódicas.

Mesmo assim, Geni auxiliava Chico nas reuniões do "Luiz Gonzaga", em Pedro Leopoldo, e fez isso por longos anos. Os relatos contidos nos livros biográficos dão conta de que, após a morte do irmão José, Chico ficou com a responsabilidade de lhe amparar a família.

Estes mesmos relatos ouvi de minha mãe inúmeras vezes: as dificuldades da pobreza; a viuvez de Geni, com dois filhos pequenos, um deles com deficiência mental, cego e paralítico, necessitando de amparo.

Acho relevante falar um pouco sobre Geni, viúva de José, porque mesmo sob a pressão de obsessores, foi companheira fiel de Chico, nos primeiros tempos do espiritismo em Pedro Leopoldo.

Na década de 40, minha mãe dirigia o Abrigo Irmã Tereza de Jesus, essa instituição maravilhosa que nos acolhe neste diálogo tão agradável (não me canso de afirmar ser uma entidade que segue fiel aos propósitos de amparar viúvas e seus filhos menores, sem recursos). Recordo-me, deveria ter uns 4 anos, de quando Geni atravessando uma de suas crises, veio morar no Abrigo, onde meu pai e minha mãe fariam esforços para assisti-la melhor.

Lembro-me de que, apesar de doente, era uma pessoa tranquila, silenciosa, sempre com panos envolvendo a cabeça, a andar para cima e para baixo o tempo todo. Só o semblante carregado e a expressão enigmática do olhar denunciavam as tempestades íntimas que, por certo, carregava...

Um episódio marcou a minha meninice junto a Geni de maneira inesquecível e engraçada, apesar do drama vivido pela minha tia sofredora Geni, repartindo biscoitos, batendo de porta em porta nas casas que formavam o conjunto residencial do Abrigo. Alguém teria perguntado a ela: Por que você está repartindo os seus biscoitos? E ela, com a voz mansa e baixa, entre irônica e sábia: – Aqui não está escrito "Para Todos"? "Para Todos" era a marca do biscoito...

José, com toda a certeza, fez muita falta a Geni, porém, nosso tio Chico confidenciou certa vez a uma sobrinha, filha da irmã Geralda, que José precisava partir mais cedo para, do plano espiritual, ter mais condições de ajudar a cuidar do filho doente que era a reencarnação de um espírito muitíssimo comprometido com o mal praticado no passado, quando foi personagem muito influente e abusou do poder de vida e de morte que detinha sobre seus opositores. ([24])

---

24. Biografia: *Chico, diálogos e recordações* – Carlos Alberto Braga Costa – O Clarim

José, segundo as pessoas que conviveram com ele (as irmãs, principalmente), era muito alegre e criativo, chegando a criar um bloco carnavalesco, onde os principais integrantes eram da própria família. Para os festejos, as fantasias eram feitas de papel crepom, segundo a simplicidade e a ingenuidade da época.

Este grupo formado por José Xavier representava ainda pequenas peças teatrais, das quais ele mesmo era o ator e diretor!

A sua desencarnação, em 1939, revestiu-se de um fator a mais de tristeza, pois aconteceu num sábado, véspera do domingo de carnaval; e o bloco familiar já estava todo preparado para sair.

Paulo, meu irmão mais velho, que nasceu em Pedro Leopoldo e lá viveu até aproximadamente os 4 anos de idade, lembra-se do tio José, dedicado aos sobrinhos pequenos, fazendo papagaios (pipas) de papel para a criançada.

Da vida desse alegre e bom companheiro, na minha forma de ver o conjunto de fatos que fez a história da primeira geração da família Xavier, o sinal mais marcante de sua personalidade, já bastante espiritualizada, foi o fato de que, espontânea e confiantemente, tornou-se o braço-direito do irmão Chico Xavier, assim que ele abraçou a mediunidade e as dificuldades inerentes à sua missão. De forma admirável e desinteressada, pôs-se ao lado do irmão Chico, dividindo e compartilhando alegrias e ataques, inseguranças e bênçãos da primeira hora.

– Sidália... No livro *Instruções psicofônicas*, que reúne orientações de espíritos diversos, recebidas no Grupo Meimei, na década de 50, em Pedro Leopoldo, e organizado por Arnaldo Rocha (desencarnado em Belo Horizonte, em 2012), encontramos duas belas mensagens de José Xavier. Esse assunto nos remete a um diálogo com Arnaldo Rocha, registrado no livro *Chico, diálogos e recordações*, no qual Arnaldo também enalteceu os exemplos de José Xavier.

– Paulo, meu irmão, sempre se referira a José Xavier como um Homem de Bem. Rememorando ainda o drama maternal vivido pela viúva Geni Xavier, com seu filhinho doente, quando ela mesma, com a mente obscurecida pela obsessão, pressentindo a necessidade de protegê-lo dos inimigos desencarnados que o buscavam incessantemente, tentava mantê-lo todo envolvido em panos, como se desejasse ocultá-lo daqueles que o procuravam.

Contou-me um dia meu tio Chico que, no momento da desencarnação, Emmanuelzinho – o menino chamava-se Emmanuel Luiz –, embora cego, fixou nele os olhos sem luz, com uma expressão de lucidez e gratidão. Isso foi só o que Chico me contou...

José Xavier

Observação:

Cada um de nós é uma mensagem viva.

Assimilando e objetivando, caminhamos como livros concretos, conduzindo conosco as experiências arquivadas no longo roteiro.

Nada agradável é nos transformarmos em triste opúsculo, aos olhos dos que nos procuram ler o entendimento. Contudo, é sempre caminho de satisfação, o curso daquele que, no tumulto da carne, se faz mensagem de paz e de esperança.

Nas prateleiras da existência, cada volume ocupa o seu lugar e se faz presente em seu círculo de afinidades.

Aquele que contém sentimento infantil, engatinha com os adolescentes; o que comporta literatura escabrosa, descansa sobre as mãos daqueles que lhe são afins. Entretanto, os livros de real valor habitam com os sábios e luminosos.

Busquemos transformar-nos em livros proveitosos, para que não engatinhemos com as ilusões da infantilidade, nem sejamos presos pelos sentimentos menos dignos, mas estejamos sempre bem seguros, aos clarões da consciência sublime.

José Xavier
Psicografia de Amauri Pena, em 1957

– Sidália, amiga... Estamos caminhando para o fim. Será que você ainda vai nos fazer verter lágrimas? (Juntos, nos alegramos com a brincadeira.)

– Carlos, vamos prosseguir, pois a noite se aproxima.

MARIA DE LOURDES

De todas as minhas tias, filhas de Maria João de Deus, Maria de Lourdes foi com quem menos convivi. Porém, pelo legado moral deixado aos filhos, tem-se a medida de quem foi Lourdes, como era conhecida. Nascida em 1902, vindo a falecer aos 95 anos.

Não fugiu à regra da família. Casou-se com rapaz de vida simples e viveu criando os filhos com muitas dificuldades e muita pobreza. Isso não impediu que a numerosa prole fosse criada debaixo dos mais rígidos costumes de educação, trabalho e formação profissional, seguindo cada filho a diretriz ensinada e exemplificada pelos pais.

Do pouco convívio que tive, lembro-me da marca registrada das irmãs Xavier: o dinamismo, a energia, a alegria. E, pelas notícias recebidas através dos laços familiares, sempre ouvi relatos de uma Lourdes de fibra inquebrantável.

De nossa casa, apenas os irmãos mais velhos tiveram, na juventude, convivência mais próxima com as filhas de tia Lourdes.

De vez em quando recebíamos a visita de Lourdes, levada pelo carinho de tia Geralda e seu esposo Pedro Quintão. Aquela reunião de irmãs e familiares, embora rápida, juntava momentos felizes, como um prenúncio daquelas uniões que nossa alma tão ansiosamente aguarda.

A sua despedida da vida material foi em Vespasiano, Minas Gerais, onde morou e criou a família. Em Vespasiano fez sua despedida da vida material. Na ocasião, meu irmão Paulo, abeirando-se de seu corpo, emocionado, resumindo sua longa vida na carne, pronunciou: "Despede-se uma guerreira."

Sentimos que naquele mesmo instante (e tivemos confirmação da espiritualidade, depois) aquele espírito valoroso era desligado da matéria para retornar ao mundo espiritual, onde a vida estuante e bela continua, repleta de aprendizado sem fim...

**Maria da Conceição Xavier, Geralda Xavier Quintão (ao centro)
e Maria de Lourdes Xavier Fernandes. Nesse dia, Maria Xavier
completava 70 anos**

Francisco Cândido Xavier

– Sidália... Chegou o momento de você nos falar de Chico Xavier.

– São muitas emoções. Muitas. Conheci meu tio Chico, durante longos anos, pelo que eu ouvia contar, pelo que eu lia e sempre pela boca de minha mãe.

Perdi a conta de quantas vezes ouvi dela a narrativa da mudança para Sabará, com Paulo e Amauri pequenos, e o terceiro que seria Francisco, a caminho, isto na década de 1930.

Nos problemas de adaptação, no quadro de grandes dificuldades, algumas vezes, relatava minha mãe, ela deixava aqui meu pai e voltava a Pedro Leopoldo com os dois filhos pequenos na esperança de que o que estava a caminho nascesse lá, o que não aconteceu. Chico convencia-a a voltar e acompanhava-a para auxiliá-la, vindo o pequeno grupo de trem de volta para Sabará.

Começava aí a saga de Maria Xavier em terras sabarenses...

Por um período, Chico vinha ver meus pais e família, agora já com três crianças.

Foi por meio de Chico que meus pais travaram conhecimento com as pessoas que iriam mais tarde auxiliá-los a irem se firmando em Sabará. Foi também graças ao meu tio Chico que ela se envolveu com os companheiros que, um pouco mais à frente, a ajudariam na fundação da Casa do Caminho, em Sabará.

E, mesmo indiretamente, a mediunidade de Chico ajudou e incentivou a irmã nos passos largos e decisivos que ela deu no caminho da mediunidade com Jesus, dentro do espiritismo cristão.

Porém, por longo tempo, um hiato triste manteve os dois irmãos distanciados um do outro, eles que começaram juntos a sonhar em servir a Jesus dentro da doutrina dos espíritos.

Ela, que servira de instrumento para o chamamento do irmão missionário, em plena juventude dos dois, seria levada aos testemunhos mais rigorosos ao longo da existência. E resguardou no mais profundo do sentimento a essência das experiências vividas em comum, atendendo aos chamamentos da vida com dignidade e nobreza. Só muito tempo depois pôde reencontrá-lo.

Tio Chico se agigantou, na razão direta em que se apequenava para estar ao nosso lado. A sua humildade e o seu carinho devotado reacenderam a esperança em nossos corações.

Este trabalho falará para os leitores do que realmente sinto e favorecerá para que minhas saudades e orações envolvam ao Chico e a todos os nossos familiares e amigos.

Chico Xavier

Sidália, no Grupo da Prece. Ao fundo, Chico Xavier

RAIMUNDO DE PAULA CÂNDIDO

– Carlos Alberto, vamos relembrar Raimundo. Ou Mundico. Carpinteiro por profissão e um "pândego", na feliz expressão de nossa tia Geralda.

Aprontava tanto, que o pai, João Cândido, o encaminhou ao padre, a fim de ser sacristão, mas, pelos relatos, parece que não adiantou muito.

Foi casado também com uma irmã de meu pai, Mariinha. Assim, quatro casamentos em duas famílias.

Houve quatro casamentos entre as duas famílias, porque também ele, Mundico, foi casado com uma irmã de meu pai. Assim: Carmozina Xavier com Nelson Pena; Maria Xavier com Jacy Pena; José Xavier com Geny Pena; e Raimundo com Maria (Mariinha, como era chamada).

Muitos primos/irmãos com os quais não convivi muito, mas o bastante para reconhecer os laços de amizade que iam se formando, passando a limpo a escritura do passado, dentro das ocorrências do presente.

Uns partindo cedo, como José Xavier, Mundico, Mariinha, Neuza (filha de Cidália Batista Xavier); outros tomando o lugar dos que se foram, amparando-lhes os órfãos que ficaram.

É visível a relação de amizade entre os membros da família Xavier, inclusive aos da segunda geração. Como exemplo, lembro que o livro de autoria de meu irmão Amauri, *Os primeiros poemas*, foi lançado em 1949, quando ele contava entre 16 e 17 anos. Na dedicatória, além dos pais, irmãos e amigos, ele incluiu "às minhas primas", revelando com clareza a força do embrião pequenino a garantir o desenvolvimento da árvore vigorosa do afeto, cultivada e mantida, apesar da violência das tempestades.

Assim, também, foi com os dois filhos de Mundico e Mariinha, João Herculano e Ana Maria, que, embora órfãos de pais e crescendo em meio a inúmeras dificuldades, amparados por tios e tias (pobres de recursos materiais, mas de coração rico em fraternidade), tornaram-se criaturas generosas e dignas, imprimindo, no seio de suas próprias famílias e no larguíssimo campo de suas relações, a lição viva da bondade, do trabalho e da paz.

É a vida desenrolando-se, e nós, ora como protagonistas, ora como espectadores. Uma epopeia que é o transcurso da evolução do espírito, cujo período de uma reencarnação é apenas um ato, dos milhares que temos a viver.

Raimundo de Paula Cândido e Maria (apelidada de Mariinha)
Foto do noivado

Da direita para a esquerda: Mundico e o filho Herculano, nos braços;
Mariinha, a filha Ani (apelido carinhoso dado à filhinha do casal), João
Cândido e o cão Lorde

GERALDA XAVIER QUINTÃO

– Carlos Alberto... Finalizo a exposição dos filhos de Maria de São João de Deus, relembrando tia Geralda Xavier Quintão. Expressar quem foi minha tia Geralda é para meu coração um doce encargo.

De todas as minhas tias foi aquela com quem mais convivi; com ela e sua família. Para mim, foi uma mestra a lecionar exemplos de virtudes que vivo esforçando--me para conquistar.

Em companhia de seu esposo, Pedro Quintão, filho de Manoel Quintão, ex-presidente da FEB, fosse no aconchego de seu lar ou nas frequentes visitas que fazia à minha mãe, sempre nos oferecia da linfa mais pura que brotava espontânea de seu coração, fonte de sabedoria, reconforto, ponderação e gentileza, lições repassadas de amor e de verdade.

Várias vezes, em minha própria casa, depois da desencarnação de minha mãe, quando meu pai e meu irmão David vieram residir junto a nós, tivemos o alto privilégio de recebê-la, com o esposo ou um dos filhos.

Na última visita que nos fez, era aniversário de meu marido, e ela nos deixou de presente uma prece que acredito estar registrada nos anais da espiritualidade maior. Não por merecimento nosso e sim pela unção com que foi proferida.

Estar com Geralda, para nós, era nutrir o coração do pão espiritual; daquele que ela também multiplicava e repartia com quantos dela se acercavam.

De tia Geralda tenho anotadas várias frases que em nossos abençoados e saudosos encontros ouvi e outras que me foram ofertadas pela bondade de suas filhas. Em muitas ocasiões elas anotavam o que era dito pela mãe. Frases pronunciadas por sua voz, mas nascidas do seu coração, envoltas no magnetismo de sua bondade.

Em seu lar não recebíamos o carinho dela somente. Pedro, seu esposo, nos acolhia com a generosidade de seu grande coração e em tudo nos prodigalizava atenção especial.

Depois do retorno do marido em 31 de outubro de 1988 para a espiritualidade, nossa tia passou a residir no lar das duas filhas, e era lá, nesses pousos de refazimento, entre cuidados e carinhos, atenção e enfermagem, que continuamos a conviver com este espírito obediente, resignado, trabalhador, amável, cujo coração era um tesouro de luz, encerrado num cofre de carne.

Desencarnou, em companhia da filha Nelma, em julho de 2007.

XIV – OS FILHOS DE CIDÁLIA BATISTA XAVIER

OBSERVANDO OS ÚLTIMOS raios do astro-rei, que se escondia por entre as montanhas, pedimos à nossa irmã que falasse ainda, sobre os filhos de Cidália Batista Xavier. No dizer de Francisco Cândido Xavier, a segunda mãe dos filhos de Maria de São João de Deus. Não poderíamos deixar para outro encontro, uma vez que aquele clima nostálgico nos remetia a píncaros até então inalcançáveis.

TIA LUCÍLIA

– Dos filhos de Cidália, segunda esposa de meu avô, quem passou pela minha vida marcando-a de maneira inesquecível foi minha tia Lucília.

Não me lembro de visita dela à casa de minha mãe, mas recordo-me de ter crescido visitando-a sempre em Pedro Leopoldo. Moravam com Lucília mais dois irmãos, Doralice e João Cândido Xavier Filho, também filhos de Cidália. Com certeza, as visitas de minha mãe à sua casa se deviam ao fato de assim poder visitar três irmãos de uma só vez.

Lucília e o marido, que todos chamavam Pachequinho, eram duas criaturas especiais. Na casa confortável e simples, sabiam ser anfitriões acolhedores, e nas visitas, que lhes fazia, travei conhecimento com pessoas que já eram amigas do casal havia décadas.

Minha afinidade com tia Lucília era grande e, mesmo depois de casada, por várias vezes eu e meu marido desfrutamos de sua hospitalidade. Era difícil não pernoitar em sua casa quando a visitávamos, tal era a sua prosa, sempre alto astral, alegre, conselheira, e havia ainda a arte de Pachequinho, pinturas maravilhosas que eu nunca me cansei de admirar.

Para João e Dora, Lucília era muito mais do que irmã; era uma mãe. Assim, Pachequinho e Lucília, na verdade, em vez de só um filho, o Wagner, acolhiam três, aos quais dedicavam assistência e cuidados. Isto fora os sobrinhos, que eram sempre bem recebidos naquela casa.

Senti demais a sua partida para o plano espiritual, ficando Doralice aos cuidados de Wagner, até a sua desencarnação.

TIA NEUZA

Minha tia Neuza, a quem não conheci, desencarnou muito nova, em 1954, deixando dois filhos pequenos, um menino e uma menina, também chamada Cidália.

Quando Neuza estava para desencarnar, deu-se um fato singular, uma "chuva de pétalas", por sinal, descrita no livro do Marcel Souto Maior, *As vidas de Chico Xavier*, à página 113. Escutei-o repetidas vezes sem conta, narrado por minha mãe. Junto a ela, Chico, Lucília, Arnaldo Rocha e outras pessoas oravam quando todos sentiram algo muito suave os tocar. Ao terminarem a prece, acendendo a luz, constatou que havia caído uma chuva de pétalas de rosas úmidas e frescas. Todos se maravilharam com o leito e o chão repleto dessas pétalas que anunciavam a presença dos espíritos superiores atendendo às súplicas dos envolvidos.

A essa narrativa tivemos o privilégio de ouvir, acompanhando Arnaldo Rocha em visita que fizemos com Lucília a Pedro Leopoldo... Foi fantástico presenciar Arnaldo e Lucília lembrando detalhes, como Chico Xavier pedindo para que se apagasse a luz. Lucília, dizendo que viu as pétalas saindo de dentro da boquilha da lâmpada, caindo cheirosas e orvalhadas.

Lucília provocava a memória de Arnaldo, e os dois deram boas risadas ao se lembrarem que foi necessário uma vassoura, ao final da sessão de materialização, porque o chão ficou atapetado com as pétalas benditas.

Houve um fato importante nessa recordação. Ao final desse dia inesquecível, Chico Xavier, muito triste, pediu que chamassem o esposo de Neuza, que residia em Sete Lagoas, para vir a Pedro Leopoldo acompanhar de perto a enferma. Uma semana depois ela desencarnou.

– Sidália, quantas lutas da numerosa família Xavier, não é mesmo?

– Pois é, meu amigo! Quando estamos no front da vida, a batalha se intensifica. No entanto, o que dá força ao combatente é a sua fé.

Tio André

Meu tio André, eu o conheci de maneira bem superficial, quando ele ainda residia em Pedro Leopoldo. Depois que se mudou para São Paulo, nunca mais o vi, mas tinha sempre notícias suas através de amigos que nunca deixaram de visitá-lo e que estiveram presentes até em seu sepultamento, em novembro de 2009.

Muito me comoveu o depoimento dado por ele, pouco tempo antes de desencarnar, no livro *Depoimentos sobre Chico Xavier*, editado pela FEB (Federação Espírita Brasileira) e lançado na ocasião do centenário de Chico Xavier, em 2010.

Refere ele ao arrependimento, que julgava tardio, por não ter aproveitado tanto quanto deveria a convivência com Chico; os livros psicografados pelo irmão (alguns em sua própria casa, onde Chico ficava escrevendo até de madrugada); as materializações de espíritos em reuniões de que ele mesmo participara.

Abrir os olhos para enxergar com mais lucidez e discernimento os fatos vivenciados ao longo dos dias terrenos, porém, é o ensejo que a idade e as experiências nos proporcionam. E é feliz quem desperta para reconhecer a necessidade de aproveitar as lições vividas, ainda que esteja vivendo os últimos dias na carne.

Chico e André Xavier

TIA CIDÁLIA

Com minha tia Cidália não tive convívio estreito. Sempre que ia à casa de minha tia Lucília em Pedro Leopoldo, ela fazia absoluta questão que visitássemos Cidália. Era a identidade de Lucília, compartilhar; marca registrada de sua personalidade, a conduzir-nos pela mão, tentando ensinar-nos formas de fraternidade e alegria que tanta falta nos faz hoje em dia na construção de sólidos laços de amizade.

E o mais interessante é que, às vezes, saíamos tranquilamente da casa de Lucília já tarde, por volta das 22 horas, para irmos em visita a Dália, como sempre a chamávamos. A recepção era sempre calorosa como se a hora fosse a mais apropriada possível. Bons tempos!

Nos eventos realizados em Pedro Leopoldo, pelo Centenário de nascimento de Chico Xavier, em 2010, as festividades contaram com a intensa atuação de Dália, marcando com a sua presença carismática o fechamento de um ciclo extraordinário que mudaria para sempre os horizontes espirituais de nossa família e de todos que participavam das comemorações.

De minha tia Cidália encontramos a marca registrada do clã Xavier. Vem à minha memória: a alegria espontânea, a risada fácil, a superação das vicissitudes, a fé demonstrada nos propósitos abraçados com o Senhor da vida.

Lucília Xavier e Pacheco

Da esquerda para a direita: Lucília, Cidália Xavier, Arnaldo Rocha e Mary Rose, filha de Cidália. Foto registrada pelo autor

XV – Vereda familiar

Enfim anoitecera.

O Zimbório revelava algumas estrelas, a esmaltarem de Glória o Lar Celeste.

– Sidalinha amiga, estamos inebriados com essa belíssima narrativa a respeito da família Xavier. Pedimos que faça suas considerações finais para inserirmos no livro *Do calvário à redenção* **(Combatentes pacíficos)**, e que possam essas, de alguma sorte, resumir nossos diálogos e recordações.

Sidália voltou os olhos para o céu, como a buscar inspiração, respirou fundo e iniciou a narrativa que ficou indelevelmente gravada em nossos corações.

> – Meu filho, querido amigo e irmão, Jesus nos abençoe!
> Inicialmente me recolho à minha pequenez, atendendo ao seu pedido. Dirijo o meu agradecimento a Deus por ter reencarnado na família Xavier, e ter sido filha de Maria Xavier, a nossa ausente querida. E mais ainda, atingir os 72 anos com lucidez. Embora os percalços naturais da vida, poder contribuir para legar à

posteridade a história de nossa família. Por tudo isso, só me resta dizer: **Muito obrigado, Senhor!**

Aprendi com a minha mãe o que significam as palavras simplicidade, bondade, amor, trabalho e fé. Ela foi uma guerreira do bem, por isso seus exemplos devem se tornar públicos, para ajudar corações em processo de crescimento espiritual.

Longe das homenagens humanas, naturalmente frágeis e passageiras, tenho a certeza de que recontar o passado propõe ressignificar e reformar a própria vida. E, no caso, estamos oferecendo um pouco da grandeza de Maria Xavier, com o intuito de trazer consolo e inspiração, na luta entre a luz e a treva.

Durante muito tempo me perguntei por que Chico Xavier se referia a minha mãe como um exemplo, que ele procurou seguir na sua trajetória vitoriosa. E a cada vez que questionei, a resposta me socorreu mostrando a capacidade de Maria Xavier em sobrepor as dificuldades de forma serena e amorosa.

Maria Xavier foi uma guerreira, embora incompreendida, que tropeçou, como qualquer um tropeça; que soube realçar seus feitos com os exemplos da perenidade na luta, e da fé na vitória. Vitória que, por mais tardia que pareça, virá para todos os combatentes do bem.

Tenho muito que agradecê-la como mãe e amiga. Como também tenho muito que reverenciar Jacy Pena, meu pai que também honrou o seu papel de marido fiel e verdadeiro, e o de educador solícito em todos os momentos de nossa vida.

Carlos Alberto, seria pretensão de minha parte colocar para você a dimensão da gratidão que tenho por Francisco Cândido Xavier, por ser quem ele foi. Quero reverenciá-lo tanto pela dedicação total na divulgação da doutrina espírita e do evangelho de nosso senhor Jesus, como pela presença dele: um grande amigo do meu coração e de todos os meus irmãos.

E por fim, se posso assim encerrar, gostaria de convidar a todos, que se interessarem por esses depoimentos, a nos unirmos pela causa da família.

Em todos os diálogos que tivemos, procurei deixar claro que nossa família sempre esteve unida, e esses laços de amizade nos ajudaram a vencer os desafios que visitaram a cada um dos Xavier.

Parafraseando o meu tio Chico Xavier **toda casa construída sobre a rocha, não quebra fácil,** e sem dúvida alguma a família sempre será a base do edifício social e espiritual.

Posso com isso afirmar que a Casa dos Xavier, desde os tempos dos nossos avós, foi erigida sobre as bases do mais puro sentimento de amor, e espero que o futuro seja ainda mais promissor.

Falando da família Xavier, considero que o nome Maria, de minha avó, Maria de São João de Deus, e de minha mãe, Maria da Conceição Xavier, vincula todos nós à mãe Santíssima que da sua elevada condição espiritual a tantos auxilia.

Encerro essas humildes considerações em prece de agradecimento!

Maria, a mãe que ama e transcende: que entrega, plenamente; que serve, silenciosamente; que luta, sinceramente; que apoia, amigavelmente; que ora, fervorosamente; e que espera, pacientemente pelo nosso despertar.

Maria Santíssima! Nos inspire a lutar pelos nossos sonhos; que no trabalho tenhamos forças para vencer a batalha contra as próprias inferioridades e na estrada tenhamos luz para seguirmos firmes na direção de Jesus.

Um abraço filial, apertado e carregado de agradecimento, encerrou nossos diálogos e recordações.

Na saída, com embargo na alma, olhamos pela última vez para o casal amigo, o singelo solar, seus cães e as rosas, certos de que todos os momentos vividos foram presentes de Deus.

Caminhando pelas ruas de Sabará, vislumbramos o firmamento onde as estrelas cintilavam na imensidão.

Nesse instante recordamos uma frase de um poeta do além-
-túmulo que enlevou nossa alma ainda mais:

"As estrelas mudam de lugar, mas jamais deixam de nos ilu-
minar".

XVI – INESQUECÍVEL DESPEDIDA DO TIO

LEITOR AMIGO, RESERVAMOS esse capítulo para publicar uma carta em forma de despedida de Chico Xavier.

O tio deixa sua marca registrada de humildade, amizade, respeito, gratidão e muito amor.

DE CORAÇÃO PARA CORAÇÃO
UNIÃO SEM ADEUSES

Querida Sidália, Deus nos abençoe.

E as horas tão alegres passaram... E as cartas foram e serão os nossos canais de comunicação.

Agradeço a você por todas as expressões de compreensão e reconforto que me dirigiu. Creia que ao me despedir de vocês, senti que a minha voz já rouca estava desaparecendo da garganta. Minha alegria havia sido tão grande com os nossos minutos de convivência, que não conseguia me afastar sem que a saudade me dobrasse o coração. Você pode assim avaliar o que senti. Tudo o que você me descreve em sua carta, em matéria de sentimentos, é o retrato de minhas próprias emoções. Fiquei reconfortado com a sua observação, dizendo que não se detém a refletir sobre o porquê de atravessarmos um tempo assim tão longo, sem nos vermos, quando a verdade é que nos amamos tanto...

Sim, não nos deteremos, porquanto o nosso afeto recíproco aceita os desígnios do alto, aproveitaremos as alegrias que o Senhor agora nos permite para consolidar ainda mais a nossa união em Jesus, fortalecendo a nossa fé no trabalho renovador em que nos achamos, caminhando ao encontro do amor ainda maior, no qual, com a permissão de Jesus, conheceremos no futuro, a união sem adeuses. Com Jesus, venceremos as nossas dificuldades e atingiremos a realização de nossos ideais.

(Uberaba, 05/08/1980)

***

Você sabe. Cheguei aos 73 janeiros. Talvez não me demore muito a voltar ao Outro Lar e desejo muito dizer à nossa Tiquinha que tentei seguir os exemplos de desprendimento que ela nos deixou. Sei que você me compreenderá e me auxiliará a não falhar com Jesus, com Maria João de Deus e com a querida irmã de quem você é a filha operosa e dedicada ao bem.

(Uberaba, 04/04/1983)

***

Você me comoveu muito com a lembrança que considero verdadeiramente filial, o convite para que, um dia, quando Jesus me conceder permissão, ir conhecer e, quem sabe, talvez me demorar um pouquinho, pelo menos, no recanto de "Sô Jacy". Isso será para mim uma bênção de

Deus. Trabalharei com essa esperança. Desde o momento em que a abracei em companhia do nosso caro Cornélio, reconheci que você tem o coração afetuoso e compreensivo de sua querida mãe. Ela que nos auxiliou tanto, atualmente, de uma vida maior e melhor, nos auxiliará, ainda mais.

Peço a você ficar sempre forte e valorosa, continuando-lhe as tarefas, sempre enobrecidas pelo amor a Jesus, na pessoa do próximo.

(Uberaba, 05/08/1980)

***

Vocês voltaram a Sabará, mas a saudade ficou. Saudades de vocês e de nossas palestras. A saudade é uma escultora perfeita. Cria e recria todas as imagens a que a nossa memória se vincula. É o que me acontece depois que vocês regressaram. Consola-nos, porém, a certeza de que, um dia, em algum lugar indicado pela Providência Divina, estaremos todos juntos, sem separação e sem adeus. Até lá, que Jesus nos fortaleça para que possamos, acionando a nossa fé, cumprir-lhe os desígnios.

(Uberaba, 08/08/1980)

***

Aqui, Sidália, a vida é aquela que o seu coração generoso, que tão bem reflete o coração de nossa Tiquinha, tem observado: momentos de alegria e momentos de lágrimas. Você sabe que o maior tesouro que recebemos de Jesus é a tarefa em nossa doutrina de amor e luz e quando as lutas aumentam, as lágrimas nos vêm do coração para os olhos, como recursos inevitáveis para que a compreensão geral se faça. Que Jesus nos ampare a fim de cumprirmos sempre os nossos deveres.

(Uberaba, 18/10/1980)

Vi que você me endereçava as suas notícias, após a minha carta última na qual contei a você as minhas lutas íntimas, no capítulo da aceitação. Não sei se estou muito certo com as minhas impressões, mas creio que, a qualquer momento, receberei suas letras, a que me refiro e que terei visto em sonho. Será mesmo? Espero que assim seja.

(Uberaba, 04/11/1980)

***

Saber você, no exercício da mediunidade, sob a tutela espiritual de nossa querida Tiquinha representa muita alegria para mim e para nós todos. Graças a Deus, você e ela estão identificadas no amor à causa de Jesus e, com Jesus, querida Sidália, havemos de vencer em nossas tarefas. Tarefas árduas, bem sei. Mas temos e haveremos de ter sempre uma consolação, segundo a palavra de nosso Emmanuel que sempre nos afirma que a mediunidade com o público é um serviço com a bênção de Jesus, que raras pessoas aceitam. Desse modo, aceitemos com amor esse testemunho que os mensageiros do divino Mestre nos pedem. A luta é sempre grande, mas a misericórdia divina é maior.

(Uberaba, 21/06/1982)

***

Quanto a mim, nas horas do "desespero mesmo" acredito em desgaste físico e em certidão de idade, no tempo terrestre e noto que os dias são agora para mim mais pesados. Sei, porém, que ela me retira de semelhantes estados íntimos que aprendi a ocultar de quantos me rodeiam e me fortalece a esperança e a coragem... Faz-me ver o futuro em que a divina misericórdia nos reunirá, de novo, mostra-me a quantidade enorme das bênçãos que temos recebido e, então, acomodo-me, por dentro de mim mesmo, à afeição de uma criança que está de volta ao lar... Nesses instantes, sinto que as minhas mãos se tornam pequenas e que ela, a nossa querida ausente, me segura uma das mãos para guiar-me. Sei que não conheço o caminho do regresso, mas entendo que ela sabe e sigo-a, com a fé voltada para o grande amanhã... Perdoe-me estas divagações. Escrevo-as somente a você, na certeza de que você tem o coração dela (Tiquinha) em seu próprio coração.

(Uberaba, 04/11/1980)

***

De suas palavras, especialmente naquilo que você não escreveu, (porque realmente as entrelinhas possuem uma linguagem especial entre os que se comunicam pelo coração), noto a sua fadiga, mas se posso pedir algo a você, rogo a sua bondade transformarmos o cansaço em esperança. Digo isso a você porque os pensamentos de saudade e de indagação apresentam peso difícil no campo da alma. (...) comecei a experimentar essa aflição silenciosa, relativamente à nossa ausente sempre querida. Sabemo-la valorosa, cumprindo sagrada missão de amor na vida maior, entretanto, nós que ficamos por aqui não podemos descartar a mágoa de lhe haver perdido a convivência no Plano Físico. Se isso ocorre comigo que, há tanto tempo estou distante da família, avalio a extensão da dor em vocês, os entes queridos que lhe usufruíram a presença no dia a dia, não é?

(Uberaba, 25/11/1980)

***

A sua carta não é um desabafo, qual você me fala. É uma prece de saudade e de amor, de ternura e gratidão de que também compartilho com o seu consentimento.

Compreendo o seu sofrimento que é tão nosso. Reconforta-me observar que as suas lágrimas de filha estão iluminadas pela fé viva em Deus e que, nessa confiança, você encontra forças para continuar atenta aos nossos compromissos.

(Uberaba, 19/02/1980)

***

Existem pesares para os quais as expressões humanas ficam muito aquém da amplitude com que nos honram o espírito e, por isso mesmo, se imobilizam dentro de nós, como que arquivadas no íntimo, sem possibilidades para a manifestação real através de frases que possamos dizer.

Para nós, a ausência de quem foi inesquecível mãe para você e inolvidável irmã para mim é uma dessas dores pessoais e intransferíveis.

(Uberaba, 19/02/1980)

***

Mentalizando-a em minhas saudades e oferecendo a ela cada visita mencionada. Como atualmente sair à noite, a sós, é arriscado, convido esse ou aquele amigo para ir em minha companhia. Desse modo, venho encontrando um jeito de ir vencendo a fadiga, essa fadiga mental que nunca vem de nossas tarefas e sim de nossas preocupações.

***

Peço a Jesus para que você esteja animada e feliz com esse trabalho benemérito de amparar a essas velhinhas que são filhas de Deus, às vezes complexadas pelos sofrimentos que atravessaram, mas que já contemplam o entardecer da própria existência de coração ligados ao amor de Deus.

(Uberaba, 21/11/1985)

Jesus nos auxilie a ver você animada e valorosa, como sempre, pois creio firmemente que as suas palavras de fé e amor, tanto quanto as de seus irmãos queridos, são ouvidas por ela, na vida maior a que foi conduzida.

Deus a todos nós fortifique e abençoe, a fim de que, cada um de nós, no lugar de serviço em que os desígnios do mais alto nos situaram, possa honrar-lhe a memória com o desempenho dos nossos deveres, mesmo com o espírito da ausência a ferir-nos os corações.

Considero as suas notícias, do seu campo de relacionamento com o Abrigo, muito justas e razoáveis. O nosso prezado Cornélio estando na instituição, ele é também você, não é? E as suas tarefas no lar e na escola, com obrigações inadiáveis, além da sua vinculação necessária com os serviços da "Casa do Caminho", são, por si, um conjunto de deveres que estão em todos os seus momentos do dia a dia. Acho notável a sua frase terminal na carta última: "afinal de contas, a gente deve ter a humildade precisa para considerar até onde vão os nossos próprios limites." Adorei a sua definição. Espero com muito carinho e alegria a sua vinda. Aqui, havemos de aprofundar no estudo de nossos temas.

***

Qual você e Cornélio podem verificar, pelo meu caso, compreendo que a obra meritória do Abrigo Irmã Tereza, amparando as velhinhas necessitadas de apoio (mesmo que possuam famílias) é das mais respeitáveis e belas que conheço. Proteger uma criança é um investimento para o futuro. Trabalhar pelos doentes é um apostolado de amor com a formação de amizades que talvez se façam para nós providenciais amanhã. Entretanto, acolher as velhinhas ou velhinhos, cuja companhia, os outros, (às vezes até mesmo os familiares) não mais desejam é uma obra, profundamente humana e cristã, porque os tarefeiros que a realizam estão agindo unicamente por amor a Deus, na pessoa do próximo. Falo nisso, querida Sidália, pensando em meu próprio caso: a locomoção está se fazendo mais difícil para mim e já não posso tomar banho natural pela impossibilidade de me levantar sozinho. Uso banhos de toalhas molhadas em álcool e água. A dor, ora menos intensa e de outras vezes, mais agressiva e ameaçadora da angina, é um fenômeno constante em meu tórax; as pernas, pela circulação deficiente, são dois suportes doloridos, principalmente quando me ponho de pé... Tantos são os achaques que me esperavam na idade presente que fico a cismar sobre a necessidade de se formar instituições dedicadas aos idosos ou super idosos, que andam por aí, contando somente com os amigos da solidariedade humana.

(Uberaba, 21/11/1985)

***

Gostei de ver a sua letra firme e segura, como que a me dizer que você prossegue tranquila e forte, no cotidiano. Às vezes me parece que o nosso tempo na existência terrestre é uma espécie de frasco invisível que vai pingando os dias, quais se fossem gotas, sempre do mesmo tamanho, mas diferentes entre si na substância de que se formam. O frasco é o famoso cotidiano. Deus nos ajude a usá-lo, conforme os Seus desígnios.

Por aqui, vamos indo... fazendo força, graças a Deus. Enquanto fizermos força, tudo vai bem, não é? Jesus nos abençoe.

(Uberaba, 27/02/1982)

***

Peço a você, mas peço a você com todo o meu coração, não pensar que faço doações. Quem me dera pudesse fazê-las! O que desejo é ser fiel a um compromisso que sua mãe e eu assumimos em nosso Natal de 1927. "Em prece, prometemos a nossa mãe Maria João de Deus (desencarnada em 1915) que se fosse a vontade de Jesus que a mediunidade persistisse, em nossas mãos nunca acumularíamos o que nos fosse entregue para benefício dos outros e entregaríamos do que nos viesse às mãos no auxílio aos nossos irmãos em provas mais difíceis do que as nossas".

Nada posso fazer por mim mesmo, mas se Jesus for servido em que alguma contribuição me venha às mãos, farei a remessa para você com muita alegria.

(Uberaba, 04/04/1983)

***

Sei que ela cumpria o prometido e graças a Deus, não me esqueci do voto que fizemos. O tempo passou, a vida nos trouxe tantas mudanças, mas a nossa prece em dezembro de 1927 está em meu íntimo como se tivéssemos nos reunido ontem. A quem contar esses fatos, senão a você e a Jacy? A não ser vocês dois, Cornélio, Paulo e Neném eu não tenho mais ninguém para falar dessas lembranças tão belas e tão íntimas. Você não ficará triste comigo se eu continuar a fazer as pequenas contribuições, quando for possível, para os serviços aí em suas mãos, não é?

(Uberaba, 04/04/1983)

***

Toda a sua carta me trouxe grande reconforto e bom ânimo. Você expressou o que também sinto. Como seria maravilhoso se pudéssemos estar todos juntos, unindo vidas e corações nos mesmos sentimentos! Penso que percebíamos, sem palavras, as ideias uns dos outros e com as nossas forças associadas, venceríamos com menos obstáculos quaisquer empeços que se nos opusessem à marcha...

Entretanto, determinou os desígnios divinos, que estejamos por agora, aparentemente separados e muito me alegraram as suas palavras, quando você me diz, em sua querida carta, que devemos ser gratos a Deus pelas tarefas que nos foram confiadas e que, através delas, nos reuniremos todos, quando o Céu nos permitir essa bênção.

Pelo que me sucede na lembrança constante, peço a você atravessarmos com muita oração e fé em Deus. Trabalhemos e confiemos, não é?

(Uberaba, 19/08/1980)

***

Foi com muito reconforto, que recebi o telegrama de vocês dois, referindo-se a notícias de minha saúde. Foi como se eu recebesse uma flor medicamentosa para alívio do corpo doente. Sidália, tenho feito força para escrever a você, uma carta mais longa, mas transitar na avenida dos remédios em que me encontro não tem sido fácil.

(Uberaba, 21/11/1985)

***

Mas farei o possível para dizer ao seu generoso coração para não virem até aqui agora. Os quase 87 anos me derrubaram. Estou num tratamento intensivo e os médicos me proíbem até conversar. A área cardíaca está tomada por pesado processo anginoso, as pernas paralíticas e o meu olho esquerdo vítima de antiga doença está em recaída. Como são médicos amigos já que não me cobram pelo tratamento, a gratuidade torna para mim mais rigorosa a obediência. Não me permitem receber ninguém e só me concedem permissão para receber alguns amigos, conforme o parecer deles mesmos, e a saúde precária me obriga a aceitar a situação com fé em Deus e paciência. Intimamente, graças a Deus, estou em paz. O corpo, no entanto, não me dá tréguas para qualquer modificação. Com pesar, apresento a você, a minha situação e fico agradecido pela sua compreensão.

Esperemos mais tempo, a fim de nos revermos. Se for da bondade de Deus que eu melhore, tão logo isso aconteça escreverei a você e marcaremos a data para o reencontro.

(Uberaba, 04/06/1996)

***

(...) Graças à misericórdia divina, espiritualmente estou bem e aceito as disciplinas com a tranquilidade e a gratidão que devo sustentar. Sou grato aos médicos que me tratam e respeito a condição em que me encontro. Aqui nestas linhas, recordo as nossas afirmações no "Pai Nosso": "seja feita a vossa vontade, assim na Terra como nos Céus". Aguardaremos o tempo e os desígnios de Deus.

Não se impressione se as minhas frases aparecem com as nuances da tristeza. Mais do que tio e sobrinha, nós somos irmãos em nossa dor dentro da orfandade espiritual em que nos vemos sem ela. Confiemos, Deus e ela nos auxiliarão. Lembro-me do seu aniversário e nosso estimado Cornélio enviando-lhes o meu grande abraço.

(Uberaba, 04/06/1996)

***

Veja que sou eu quem está hoje mais falador do que sou, no entanto, quando a saudade é um aperto mais arroxado no coração, não se tem outro recurso senão falar, não é mesmo?

Entretanto, quero dizer a você nesta carta que a amo profundamente, em todos os seus sentimentos, que refletem os sentimentos nobres e belos da irmã que me antecedeu na Grande Mudança. Quando soar para mim a campainha da Grande Transformação, desejo, e desejo com toda a minha alma, que você e os irmãos queridos saibam sempre que nunca estivemos longe uns dos outros, que nenhuma circunstância nos separou e que nossos diálogos nunca foram interrompidos...

E recordando os tios que a vida lhes deu, lembrar-se-ão de um deles, que sou eu, o mais pobre e o mais fraco de todos, com a certeza de que esse tio, mergulhado em provações e experiências tão difíceis, teria dado a vida, se pudesse, para estar junto à irmã querida que nos deixou.

Reconforta-me saber, por suas notícias, que todos os filhos prosseguem na estrada de luz e trabalho, fé em Deus e confiança no bem que ela sempre trilhou com abnegação e coragem.

(Uberaba, 05/08/1980)

***

Também eu considero ótima a ideia do livro com as mensagens de nossa Tiquinha. Ela me disse que isso é para ela motivo de muito reconforto, mas pediu tempo, dizendo que será mais conveniente aumentar o número dos comunicados que ainda nos possa dar, a fim de pensarmos, em definitivo no assunto. Assim, aguardaremos mais um tanto, não é mesmo?

(Uberaba, 22/12/1982)

***

Ela merece essa homenagem justa e bela da família que, com a bênção de Deus, ela soube constituir. Deus abençoe a vocês todos, filhos reconhecidos e amados, que a nossa querida ausente sempre guardou no coração por estrelas da Providência Divina, filhos queridos aos quais ela entregou a alma e a vida, conquanto sempre amasse e amparasse, tanto quanto possível, aos filhos de outras mães.

Lembranças a todos os nossos entes queridos. Pedindo a Jesus que nos abençoe e nos fortaleça nos caminhos a percorrer, envio a você e a Cornélio a gratidão e o abraço do tio e servidor reconhecido.

Bem (...), aguardando as suas notícias, envio a você o meu coração agradecido.

Muito obrigado por sua carta.

Abraços afetuosos.

Chico Xavier

Nota: Trechos de cartas escritas por Francisco Cândido Xavier para Sidália Xavier, tendo sido, algumas delas transcritas no decorrer deste livro.

MAKING OF- II

ENCONTRO CASUAL

Discutíamos a necessidade de obter fotos da família Xavier para ilustrar o álbum de fotos. Recordo-me de Sidália questionando:

– Tenho poucas... Não seriam suficientes?

Eu disse, respeitosamente:

– Sidália julgo que deveríamos montar um mosaico; portanto, quanto mais, melhor.

Porém, não sabíamos onde buscar.

Para minha surpresa, na maior "coincidência", no dia seguinte, ao sair de casa, na porta de minha residência, vi um homem com uma prancheta, fazendo anotações. Abordei o tal sujeito para ver o que se passava. Prontamente explicou que estava cadastrando os prédios da região, uma vez que ele possuía um comércio e tinha interesses comerciais.

De repente, uma grande surpresa.

Com um olhar grave e ao mesmo tempo contente, interrompeu a curta explicação, proferindo inesquecível afirmativa:

– Seu nome é Carlos Alberto, palestrante espírita.

Antes de atender ao inusitado, ele desferiu outro golpe certeiro.

– Você é o autor do livro que fala da amizade entre Arnaldo Rocha e Chico Xavier. Vou mais além. Na semana passada acompanhei uma palestra que você proferiu no Grupo Scheilla, aqui em Belo Horizonte.

– Sim – respondemos com amenidades.

Ele, então, se apresentou. Trata-se de José Isidoro Filho, primo de Adriana de Almeida, neta de Carmozina Pena Xavier.

Como se não bastasse, aquele encontro casual tomou uma proporção extraordinária.

Em seguida às apresentações, Isidoro relatou que o livro de nossa autoria foi lido por ele para sua tia Elma, mãe de Adriana, no período da enfermidade que acabou por levá-la à desencarnação.

– A tia se deliciava com as narrativas de Arnaldo Rocha, principalmente por ela conhecer as passagens contidas no livro sobre a família Xavier – afirmou com entusiasmo.

Depois de uma longa conversa, relembramos do assunto das fotos, tratado com Sidália. Surgindo a oportunidade falamos da necessidade de encontrarmos fotografias da família Xavier.

Enfim, para poupar o leitor, passados alguns dias o nobre amigo retornou à nossa casa com um pacote de fotos cedidas pela Adriana, filha de Maria Lúcia, que por sua vez ficou entusiasmada com a notícia sobre o livro *Do calvário à redenção*.

Ficamos estuporados, como dizia Arnaldo Rocha, diante da materialidade da "coincidência".

Fato significativo que comprovava o apoio da espiritualidade no projeto do livro. Lembramos de ter dito para o novo amigo:

– Isidoro, em uma capital de mais de 3 milhões de habitantes você surge como um raio trazendo o que necessitamos para o livro dos Xavier. Só Deus para tecer essa rede do bem, e Emmanuel para trazer o presente dos céus.

Impulsionados pela floração da fraternidade, nos despedimos sentindo a fragrância da esperança, a inspirar o nascimento dos frutos que só o trabalho no bem pode prodigalizar.

Maria

Maria... Quem não conheceu?
Em toda a história encontramos registro de uma Maria.

Pode ser apenas Maria; no entanto, surgem:

Maria Aparecida, Aparecida Maria;
Ana Maria; Maria Ana;
Maria Dolores, Dolores Maria;
Maria Joana, Joana Maria;
Maria Cecília, Cecília Maria;
Maria Clara, Clara Maria;
Maria Conceição, divina expressão;
Maria da Penha, libertação.

Independentemente de o nome ser simples Maria, ou composto por Maria, as lições tocam corações, nas mais belas expressões.

Maria do Céu, Maria da Terra. Maria tão perto, Maria é certo.
Maria anônima, Maria magnânima.
Maria empresária, Maria operária.
Maria do Céu, Maria sem Véu.

Maria da cidade, Maria da caridade.
Maria do Mar, Maria do Lar.
Maria do Sertão, Maria lava até o chão.

Maria que silencia, Maria que abrevia.
Maria que fala, Maria abençoa a senzala.
Maria corajosa, Maria gloriosa.

Maria sofrida, Maria exaurida.
Maria requerida, Maria deferida.
Maria suprida, Maria querida.

La vai, Maria...
Maria sobe o morro, Maria do Socorro.
Maria que desce ladeira, Maria lavadeira, e há Maria
passadeira, bordadeira, costureira.

Maria que foi, Maria que é, Maria que será...
Maria que volta, que revolta, que se solta...
Maria que vai com as outras, e outras que voltam
para Maria.

Maria na marchinha desenvolve a mesma linha:

> Lata d'água na cabeça
> Lá vai Maria
> Lá vai Maria
> Sobe o morro e não se cansa
> Pela mão leva a criança
> Lá vai Maria

> Maria, lava roupa lá no alto
> Lutando, pelo pão de cada dia
> Sonhando, com a vida do asfalto
> Que acaba, onde o morro principia.

Compositor: Luís Antônio – Jota Jr.

Maria escreve livro, Maria alivia,
Maria esfrega a roupa, Maria o amor não poupa.
Maria sempre em teste, Maria Celeste.
Maria ora com fervor, Maria nos aproxima do Senhor.

Jesus, por decreto, envia Marias,
E, por elas, reencarnam nas Gerais,
Poetas com ideias liberais,
Para aprender com as Marias:

... que é preciso ter manha
É preciso ter graça
É preciso ter sonho sempre
Quem traz na pele essa marca
Possui a estranha mania
De ter fé na vida

Mas é preciso ter força
É preciso ter raça
É preciso ter gana sempre
Quem traz no corpo a marca
Maria, Maria
Mistura a dor e a alegria

Compositores: Fernando Brant – Milton Nascimento

Maria semântica, Maria certeira,
Maria romântica, Maria carteira.

Maria Goretti, Maria Marli,
Com elas aprendi.

Maria congrega, Maria prega,
Maria no peito, eis o nosso preito.

Maria em prosa, mística rosa.
Maria que ensina, lição que sublima.

Maria mãe, irmã Maria,
Maria sogra, nora Maria.

Maria filha, prima Maria.
Maria esposa, amiga Maria.
Ave, Maria!

Maria de Deus casou com João,
Foi mãe de nove, dentre eles Chico e sua irmã Conceição.
Conceição seguiu a mãe, amou, trabalhou, outra ascensão.

Obrigado, Senhor, por nos mostrar o exemplo de Maria Xavier,
Pois agora nasceu o desejo de seguir essa guerreira mulher.
Bendita seja a família Xavier!

Carlos Alberto Braga Costa
Belo Horizonte, 26/05/2016

HOMENAGEM

HOMENAGEM A JACY PENA

Homenagem do Clube de Serviço de Sabará a Jacy Pena, pelos serviços prestados aos mais necessitados.

Da esquerda para a direita: Paulo, Sálvio, Cornelio, Sidália, Rodrigo (filho Sálvio), David, Cláudio, Jacy e Francisco

Nos despedimos

Leitor amigo! Arrimados na gratidão, despedimo-nos, fazendo um convite para o próximo episódio:

DO CALVÁRIO À REDENÇÃO

2º Episódio
Notícias de além-túmulo
Psicografia de Francisco Cândido Xavier

Editora EME

Abrigo Irmã Tereza de Jesus

Fundado pelo casal, Jacy Pena e Maria Xavier, por orientação do espírito Emmanuel, tendo apoio incondicional de Chico Xavier.

Seja sócio amigo!

http://www.caminho.org.br/
https://www.facebook.com/abrigoirmatereza/